Die Flucht der Jüdin Bertha Amend
Zeugnis gegen das Vergessen

Eine Dokumentation nach
den Aufzeichnungen von B. Amend

Bearbeitet und niedergeschrieben
von

Günter Thumm

Bibliografische Information der Deutschen Nationalbibliothek:

Die Deutsche Nationalbibliothek verzeichnet diese Publikation in der Deutschen Nationalbibliografie; detaillierte bibliografische Daten sind im Internet über **http://dnb.dnb.de** abrufbar.

**Anmerkung:
Die Erzählung beruht auf einer Dokumentation von Bertha Amend, die sie für ein Wiedergut-machungsgesuch erstellt hat. Weitere Handlungen sind durch Recherchen belegt und ergänzt worden.**

3. Auflage © 9/2024 Günter Thumm
2. Auflage © 4/2023 Günter Thumm
1. Auflage © 3/2022 Günter Thumm

*Verlag:
BoD • Books on Demand GmbH, In de Tarpen
42, 22848 Norderstedt
Druck:
Libri Plureos GmbH, Friedensallee 273, 22763
Hamburg
Cover-Gestaltung: easyCOVER-Auswahl von BoD*

ISBN: 978-3-7562-2960-4

Vorwort

»Literatur und Zeitgeschichte – Schreiben nach Akteneinsicht«, war das Thema eines gemeinsamen Projekts des Staatsarchivs Ludwigsburg und der »Schreibwerkstatt« unter der Leitung der Schriftstellerin (P.E.N.) und Herausgeberin Ursula Jetter.

Dr. Peter Müller, Leiter des Staatsarchivs in Ludwigsburg, gab den Anreiz, unter über 2 Millionen Akten die passende Geschichte zu finden und das Archivierte in einer Erzählung zum Leben zu erwecken.

War es Glück? Zufall? ... Mithilfe der Archivare fand ich unter dem Aktenzeichen »EL350 I Bü 26090« die Aufzeichnungen der Jüdin Bertha Amend. Sie hatte ihre dreimonatige Flucht im Jahre 1945 genau notiert, um dieses Dokument als Beweis bei einem Wiedergutmachungsantrag vorzulegen. Diese einmaligen Aufzeichnungen sind Grundlage für meine niedergeschriebene Geschichte.

Im Mittelpunkt steht eine mutige Frau, die ihre Familie verließ, um sie vor Repressalien zu schützen und die sich selbst, unter größtem Einsatz ihres Lebens, vor den NS-Behörden und ihren Helfern versteckte.

Die Schauplätze der Handlungen – direkt hier im nahen Umfeld: Ludwigsburg, Bietigheim, Heilbronn, Unterrot Kreis Backnang, Karlsruhe und Crailsheim – rufen heute noch ins Bewusstsein, nicht zu vergessen, was damals 1945 in Baden-Württemberg Unmenschliches geschah. Aber nicht nur Baden-Württemberg, sondern ganz Deutschland war von diesem menschenverachtenden Virus angesteckt.

Einen besonderen herzlichen Dank möchte ich meinem Cousin Wolfgang Albertini aus London aussprechen. Durch seine zusätzlichen Recherchen in den deutschen und amerikanischen Archiven wurden noch weitere Erkenntnisse über das Leben von Bertha Amend gewonnen. So konnte die Reise nach Amerika und ihr neues Leben in dem freien Land nachvollzogen und beschrieben werden.

Günter Thumm
im März 2022

21. Februar 1947

Wir sind schon früh wach. Es ist kurz nach 6 Uhr. Unruhe im Camp. Alle wollen weiter nach Bremerhaven an diesem Februarmorgen, denn heute beginnt die Reise in ein freies, politisch liberales Land – nach Amerika. Nach einer ersten Aufnahme im DPCamp[1] Stuttgart in der oberen Reinsburgstraße, sind wir nach einer anstrengenden, zweitägigen Reise gestern hier im Camp Belsen (Hohne)[2] nahe Celle angekommen. Unser Schiff soll um 16 Uhr Bremerhaven verlassen, zu der großen Reise ins freie Amerika. Vor zwei Monaten hatte ich die geplante Emigration über die Hebrew Immigration Aid Society (HIAS)[3] beantragt, eine Organisation, die jüdischen Verfolgten bei der Immigration in die USA hilft. Über diese Agentur erhielten wir die Visa und die Schiffskarten für das Touristenschiff *Marine Marlin*. Durch eine Exekutivverordnung des amerikanischen Präsidenten Truman (Truman Directive)[4] kann ich als verfolgte Jüdin mit meiner Tochter mit diesem Schiff reisen, das direkt nach Manhattan fährt.

Ich hatte kaum geschlafen heute Nacht. Es war auch nicht möglich bei den vielen Leuten im Schlafraum.

Schlafsaal Camp Hohne

Großer Ansturm vor dem Frauenwaschraum im Camp. Ich gehe zuerst dorthin, mache mich frisch. Meine Tochter wartet bei unserem Gepäck und ist später, wenn ich zurück bin, an der Reihe. Danach kleines Frühstück in der großen Halle: Tee, Toastbrot, etwas Butter, je eine Scheibe Corned Beef und Käse. Für die Weiterreise erhalten wir noch ein Lunchpaket, das ich mit der alten Feldflasche, gefüllt mit frischem Wasser, in den Rucksack stecke. Die Busse der amerikanischen Armee bringen uns zum Bahnhof in Celle. Nach kurzer Fahrt kommen wir dort gegen 9 Uhr an. An der Bahnrampe steht der Zug nach Bremerhaven bereits unter Dampf. Die Menschen drängeln zu den Plätzen in den Abteilen. Meine Tochter hat schnell zwei Sitze belegt, verstaut unser Gepäck. Dem noch von der Reichsbahn übrig gebliebenen alten Wagen sieht man die Jahre an, zerschlissene Sitzepolster, an der Decke provisorisch geflickte Löcher – Einschüsse von Luftangriffen. Das alles nimmt uns nicht den Mut nach vorne zu schauen in eine glückliche Zukunft. Als ich sitze, atme ich durch. Ich friere. Zittere leicht. Zu groß war die Aufregung in den letzten Tagen. Als ich zu meiner Tochter schaue, sehe ich in ein zufriedenes Gesicht. Sie lächelt. Beruhigt ziehe ich den Schal höher ins Gesicht und schließe meine Augen.

∗∗∗

Meine Gedanken gehen zurück zu unserem Haus in Stuttgart, Landhausstraße, wo wir mit weiteren sieben Familien in dem großen Patrizierhaus aus der Jugendstilzeit wohnten. Viele der Mitbewohner waren Bekannte von meinem Mann und von der jüdischen Gemeinde in Stuttgart. Mit jedem Tag nahmen die Luftangriffe immer mehr zu.

Noch wurde unser Gebiet, östlich des Hauptbahnhofs, von den Bomben nicht getroffen. Dann in der Nacht vom 26. Juli 1944, wieder einmal Luftschutzalarm – und das so spät in der Nacht. Ich hatte schon geschlafen und ging ins Zimmer meiner Tochter, um sie zu wecken. Sie war aber schon wach und zog sich schnell warme Sachen über. Mein Mann hatte den kleinen Koffer mit den wichtigsten Unterlagen gegriffen und trieb uns zur Eile an. Unverzüglich suchten wir in unserem Haus den Schutzraum im Keller auf. Das mehrstöckige Gebäude aus der Jugendstilzeit mit dicken Mauern bot uns sicheren Schutz. Unsere Gruppe – meist Frauen, Kinder und ältere Männer – traf sich heute schon zum zweiten Mal. Gegen drei Uhr am Nachmittag hatte es bereits den ersten Alarm gegeben. Nun war es kurz vor 2 Uhr und wir hörten die ersten Bombeneinschläge ganz in unserer Nähe. Doch diesmal schien der Angriff heftiger zu sein als sonst. Zusammengekauert und zitternd vor Angst saßen wir da, ich hatte die Hände zu einem Gebet gefaltet. Die Mütter und Omas umarmten die Kinder, hielten sie eng umschlungen, wollten ihnen Schutz gewähren. Nach jeder Detonation rieselte der Putz von der Decke und Staub legte sich auf uns. Es war eine Stimmung, als wäre unser Ende gekommen. Die Kinder weinten, wurden von den Müttern noch fester an sich gedrückt, um ihnen so ein wenig die Angst zu nehmen. Ich biss mir auf die Lippen, um mich durch den Schmerz von dem Geschehen abzulenken. Auch sah ich den entsetzten Ausdruck meiner Tochter, ihre weit aufgerissenen Augen, ihre entsetzliche Angst, ihr Zittern. Plötzlich ein fürchterlicher Schlag über uns. Die Wände vibrierten, Staub bedeckte uns. Wir dachten über uns sei die Hölle ausgebrochen. Die schwere Luftschutztüre sprang vom Luftdruck aus den Halterungen und hing nur noch mit einem Scharnier oben im Rahmen. Wir wussten sofort, dass unser Haus getroffen worden war. Unfähig, uns zu bewegen, saßen wir mit den Händen über dem Kopf da und warteten das weitere Geschehen ab. Seltsam, es war still. Ganz plötzlich still. Unheimlich still. Fühlte sich so der Tod an? Doch langsam bewegten wir uns, husteten, klopften uns den Staub von den Kleidern, ein Reflex, als ob das jetzt so wichtig wäre. Über eine halbe Stunde hatte der Angriff gedauert. Einer der Männer wagte sich zum Ausgang, drückte die Tür auf. Über Geröll und Schutt stieg er nach oben und prüfte die Lage. Wir folgten. Es war nicht zu beschreiben, von unserem Haus standen nur noch die Außenwände. Unsere Wohnungen mitsamt den Einrichtungen waren verschwunden, von der Druckwelle wie Streichhölzer zerlegt. Ausradiert.

Beißender Rauch schlug uns entgegen, die ganze Umgebung brannte lichterloh. Beim Einatmen der heißen Luft schmerzten unsere Lungen und die Augen brannten. Wir hatten alles verloren. Weinend standen wir zwischen Schutt und brennenden Balken, konnten es nicht begreifen. Ich werde das kreidebleiche Gesicht meines Mannes nie vergessen, das Entsetzen war ihm buchstäblich ins Gesicht geschrieben. Aber wir – wie durch ein Wunder – hatten überlebt. Die dicke Kellerdecke hatte standgehalten. Über Schutt und Unrat bahnten wir uns den Weg zur Sammelstelle des Roten Kreuzes. Sanitäter leisteten dort erste Hilfe. Viele Verwundete hatten große Brandwunden, andere auch Brüche oder Quetschungen.

Zerstörtes Stuttgart

In dieser Nacht warfen britische Bomber Luftminen, Sprengbomben und über Tausende Stabbrandbomben über einem Areal der Gegend Gaisburg, Ostendplatz, der Haußmann- und Landhausstraße ab. Das dabei entstandene Großfeuer dehnte sich in hoher Geschwindigkeit aus. Es entstand ein verheerender Feuersturm. Dieser vernichtete ein mehrere Quadratkilometer großes Stadtgebiet im Stuttgarter Talkessel. Allein bei diesem Angriff starben über 400 Menschen[5].

Wir waren nun ausgebombt, hatten nichts mehr, außer den gepackten Koffern im Luftschutzkeller mit der wichtigsten Habe: persönliche Dokumente, Geld, etwas Schmuck und Kleidung.

Wir wurden zwangsevakuiert in die ländliche Gegend von Unterrot[6] bei Gaildorf. Die hilfsbereite Witwe Christine Windmüller nahm uns in ihrem Haus auf. Lange brauchten wir, hatten nachts Albträume. In der Fantasie sahen wir uns im Feuer stehen, hatten Angst, einen von uns zu verlieren. Ganz langsam gewöhnten wir uns an die neue Umgebung, bekamen Unterstützung von der Hauswirtin und freundlichen Nachbarn. Sie halfen uns mit Möbeln aus: ein Tisch, Stühle, zwei Elektrokochplatten waren durchaus hilfreich. Trotz der bescheidenen Mittel waren wir dankbar, dass Gott uns beschützt hatte. In Unterrot fühlte ich mich als Jüdin sicher, ein kleines Dorf, wo jeder bei sich war und sich nicht darum kümmerte, was die anderen machten. Ich war zum Kriegsdienst verpflichtet und arbeitete bei Gottlieb Raiser, der eine Tankstelle mit einer Autowerkstatt betrieb, als Buchhalterin. Alle geschäftlichen Belange wie Steuer, Monatsabrechnungen, Löhne, usw. fielen in meinen Aufgabenbereich. Ich erledigte die Arbeiten gewissenhaft und gut. Zu meinem Chef Herrn Raiser hatte ich Vertrauen und er wusste auch, dass ich Jüdin war. Wir sprachen auch einmal kurz über die Judenverfolgung und über Hitler. Ohne dass er etwas Genaues dazu sagte, wusste ich, auf welcher Seite er stand. Der direkte Kontakt zu meinen jüdischen Verwandten hielt sich – aus Sicherheitsgründen – in Grenzen. In Stuttgart gab es immer wieder Treffen, aber hier auf dem Land wäre das Risiko zu groß gewesen. So dachte ich oft an sie, betete zu Gott, er möge sie beschützen. Auch sprach ich im Gebet mit ihm, er möge mir vergeben, dass ich die jüdischen Rituale nicht so praktizieren konnte: Sabbat einhalten, koscher essen, das Kerzenanzünden in der siebenarmigen Menora.

Unsere kleine Familie hielt zusammen. Mein Mann, auch arbeitsverpflichtet, musste in der Tankholzfirma[7], die auch Herrn Raiser gehörte, arbeiten. Er war für die finanziellen Belange der Firma zuständig. So hatten wir uns letztlich mit der prekären Situation abgefunden. Auch meine Tochter wurde ebenfalls bei der Firma Raiser im Büro angestellt.

Seit der Ausbombung in Stuttgart hatte sich mein Mann verändert. Er litt immer noch unter dem Verlust unserer großen Wohnung in dem schönen Patrizierhaus in der Landhausstraße. Alle verfügbaren finanziellen Mittel wurden damals für den Kauf mobilisiert. Zu seiner festen Anstellung in der Bank, arbeitete er noch zusätzlich als kaufmännischer Sachverständiger und Buchprüfer, um sich diesen Traum erfüllen zu können. Nun war alles weg, in Schutt und Asche aufgelöst.

Die unbefriedigende Situation der Zwangsevakuierung, in einer kleinen Wohnung mit drei Personen zu wohnen, alles provisorisch organisiert, führte zu Spannungen in unserer Beziehung. Dazu bot das Dorf mit 800 Einwohnern nur wenig Infrastruktur und Kommunikation. Die einfachen Arbeiten in der 10-Personen-Firma füllten meinen Mann nicht aus. Unzufriedenheit machte sich breit. Er sehnte sich nach der Bestätigung als angesehener Bankangestellter, dem gehobenen Umfeld in Stuttgart. Zu dieser angespannten Situation kam noch ein weiteres Unheil hinzu. Ende Januar 1945 erhielt ich eine Vorladung ins Bürgermeisteramt von Unterrot. Ich solle mich am 12. Februar 1945 zu einem geschlossenen Arbeitseinsatz melden. Ich wusste, was dieser Arbeitseinsatz bedeutete: Transport ins Vernichtungslager.

Ich musste fliehen. Und das so schnell wie möglich.

***

Ein hartes Bremsen des Zuges weckte mich. Zwischenhalt in Hannover. Von einem Camp in Hannover kommen noch weitere jüdische Emigranten dazu, drängen sich wieder den Gang entlang. Wie gut, dass wir unsere Plätze haben. Jedes Mal, wenn die Türen aufgehen, kommt ein eiskalter Luftzug zu uns ins Abteil. Trotz der warmen Mäntel, Schals und Handschuhen frieren wir. Ein Defekt in der Heizung des alten Wagens ist der Grund. Wir schlagen unsere Kragen hoch und meine Tochter sucht den engen Kontakt zu mir, so wärmen wir uns gegenseitig.

Letzter Halt in Bremen. Jetzt drängen sich weitere Passagiere in den Zug. Wegen der bereits belegten Sitzplätze stehen sie in den Gängen. Alle wollen zum Schiff. Nach kurzer Fahrt wieder ein erneutes Ruckeln und hartes Bremsen. Wir sind in Bremerhaven. Der Zug hält im Hafen nahe bei dem Schiff. Es ist 11 Uhr, kalt, trübe, dunkle Wolken bringen einen Eiswind vom Meer her. Wieder drängeln die Menschen im Hafengelände auf die schmale Gangway zu. Obwohl es Tag ist, blenden uns am Schiff helle Scheinwerfer. Vor uns erhebt sich ein riesiges schwarzes Ungetüm, die *SS Marine Marlin*[8].

Die SS Marine Marlin

Die *Marine Marlin* ist ein als Personenschiff umgebauter Frachter, der über 1000 Menschen aufnehmen kann. Das Schiff ist mit dicken Tauen festgehalten, wie ein Hund an der Kette. Wir stehen vor der Gangway in der Reihe und warten. Währenddessen hieven Lastkräne Waren und Güter an Bord. Genügend Verpflegung für alle, ausreichend für die Überfahrt von zehn Tagen bis New York.

Endlich dürfen wir an Bord. Ich atme erleichtert durch und blicke lächelnd zu meiner Tochter. Geschafft! Obwohl wir noch in Deutschland sind, spüre ich ein Gefühl von Sicherheit und Freiheit. Wieder eine große Menschenschlange an der Rezeption. Schrittweise geht es vorwärts. Nach genauer Prüfung der Dokumente bringt uns ein farbiger Steward zu unserer Kabine. Vorbei an hell beleuchteten Räumen mit glänzenden Wänden und Böden geht es über mit Teppich belegten Treppen hinab. Unsere Außenkabine liegt im mittleren Schiffsteil. Durch ein Bullauge ist der Hafen zu sehen. An dem kleinen Waschbecken mache ich mich etwas frisch, schaue in den Spiegel, etwas müde wirken meine Augen.

Um 13 Uhr gibt es Mittagessen. Die Tabletts schieben wir entlang an der Ausgabe. Es duftet köstlich. Als wir unser Essen erhalten, können wir kaum glauben, was unsere Augen sehen: Roastbeef mit Kartoffeln, Soße und Karottengemüse mit Erbsen. Als Dessert gibt es eine duftende Orange aus Kalifornien. Beim Anblick der köstlichen Speise fühle ich, wie mir die Tränen in die Augen steigen. Nach dem Essen dürfen wir uns noch an der Bar einen echten Bohnenkaffee holen. Milch und Zucker gibt es im Überfluss.

Müde und überwältigt von den Ereignissen des Tages suchen wir unsere Kabine auf, legen uns hin, bis uns das Rasseln der Ketten weckt. Das Schiff läuft aus. Die Reise beginnt auf See nach Manhattan – New York.

Viele jüdische Mitbürger lernte ich während der Überfahrt auf dem Schiff kennen. Alle glücklich, den Krieg und die Grauen der Verfolgungen überlebt zu haben. Einige von ihnen hatten sogar die Schrecken der KZs überstanden, doch allen waren noch die Strapazen ins Gesicht geschrieben, gezeichnet von den Folterungen, Demütigungen, Entbehrungen und Todesängsten. Früh morgens des zehnten Tages auf hoher See, hören wir über die Lautsprecher die Stimme des Kapitäns: »Ladies und Gentlemen, we´ll arrive in New York in one hour.«

Wir haben unser Gepäck bereits gepackt und steigen die Stufen zum Deck hoch. Ein kalter Wind empfängt uns. Trotzdem stehen viele an der Reling und wollen das große Schauspiel nicht verpassen. Am dämmrigen Horizont taucht schemenhaft die Silhouette von Manhattan auf. Bei langsamer Fahrt des Dampfers auf dem Hudson-River grüßt die grünlich schimmernde Freiheitsstatue von Weitem zu uns herüber. Schon allein bei diesem Anblick erfasst uns ein Gefühl von grenzenloser Freiheit.

Die herbeigesehnte Freiheit, nun greifbar vorhanden, bedeutete für viele von uns das Ende einer langen, demütigenden, lebensbedrohlichen Leidenszeit.

Gefühl von grenzenloser Freiheit

In ihrer Euphorie schwenken die Auswanderer ihre Hüte und Mützen. Ja, einige werfen sie vor Freude in die Luft.

Ankommende Emigranten auf Ellis Island

Doch was passierte mit den anderen nicht jüdischen Auswanderern? Solche, die nicht das Glück hatten als »Displaced Persons« mit der *Marine Marlin* reisen zu dürfen?

Ihre Schiffe legten zuerst bei der Insel Ellis Island[9] an, auch die Insel der Tränen genannt.

Die Passagiere mussten die Schiffe verlassen und sehen von ihrer neuen Heimat als Erstes eine riesige Wartehalle. Diese hatte Platz für über 4000 Menschen. Sie mussten in langen Schlangen anstehen, bis sie den Inspektoren ihre Papiere zeigen konnten.

Wartehalle auf Ellis Island

Dann ging es weiter zu den Ärzten, die ihre Gesundheit überprüften. Geduldig ließen sie die Prozedur meist stillschweigend über sich ergehen, hatten sie doch die Hoffnung, die Tür am Ende der Halle aufstoßen zu dürfen, auf der in großen Lettern »Push to New York« stand.

Doch diese Tür blieb aber für manche immer verschlossen. Sie wurden abgelehnt, weil sie krank, Analphabeten oder Kriminelle waren. So musste manche Familie sich entscheiden, ob sie ihr krankes Kind allein in die alte Heimat zurückschicken sollten oder ob sie gemeinsam den Traum von der neuen Heimat aufgaben. Eine Entscheidung, die viele gar nicht mehr hatten: Ihnen fehlten schlicht die Mittel, um eine Rückreise zu finanzieren. Für diese mittellose Menschen wurde aus der Insel der Hoffnung eine Insel der Tränen.

Ich bin meinen jüdischen Freunden, besonders *Dr. Max Horkheimer*[10], wir kannten ihn von Stuttgart, unendlich dankbar. Er arrangierte alles für uns und hatte sich bei der HIAS eingesetzt. So bekamen wir die Passage auf der Marine Marlin und die wichtigen Visa. Auch hilfreich war, bei der Einreise, den Zielort der Weiterreise nennen zu können. Die entwürdigende Aufnahme über Ellias Island wurde uns dadurch erspart.

Es ist wieder Dr. Max Horkheimer zu verdanken, dass wir zunächst bei ihm in Pacific Palisades, in der Nähe von Los Angeles, wohnen dürfen.

Am 3. März 1947, nach der langen Schiffsreise quer über den Atlantik, steigen wir direkt am Übersee-Kai in Manhattan endlich aus. Der große Strom der Menschen zwischen den hohen Drahtzäunen erinnerte mich an die Bilder von den Ghettos und doch wussten wir, dass nach dem Passieren der Einwanderungsbehörde die Freiheit begann. Bewaffnete Soldaten leiten die große Anzahl von Menschen ruhig und geordnet zu den Eingangsportalen des Immigration Office.

Doch wir waren noch nicht am Ziel unserer Reise, aber nun in Sicherheit auf amerikanischem Boden. Alle Dokumente: Visa, Antrag auf Einbürgerung und Gesundheitszeugnis legten wir beim Einwanderungsbüro vor. Nach kurzer Prüfung durften wir passieren.

Die Hebrew Immigration Aid Society (HIAS) hatte für uns in New York eine einfache Unterkunft besorgt, damit wir am anderen Morgen mit dem Flugzeug nach Los Angeles fliegen konnten.

Quer über den großen Kontinent, erreichten wir nach einem langen Flug endlich L.A. Auf dem Flughafen lagen wir überglücklich unseren Freunden, die uns abholten, in den Armen. Dank ihrer Freundlichkeit und Hilfsbereitschaft fühlten wir uns nach kurzer Zeit der Eingewöhnung glücklich und zufrieden. Doch immer wieder musste ich an die Tage meiner Flucht denken, an die Leidenszeit mit Angst, Verzweiflung, Grauen und Entsetzen. Solange ich lebe, kann ich diese Erinnerung nie vergessen.

Nun, was passierte am 3. Februar 1945?

***

Vorladung

Ende Januar 1945 erhielt ich nun dieses verhängnisvolle Schreiben, in dem stand, dass ich am 3. Februar 1945 im Sitzungssaal im Bürgermeisteramt in Unterrot erscheinen solle. Ich ahnte nichts Gutes. Beim Betreten der Amtsstube hatte ich gleich das unangenehme Gefühl, hier sind getreue Gefolgsleute des Regimes anzutreffen. An der Wand hinter dem Bürgermeistertisch hing das Bild des Führers Adolf Hitler. Bürgermeister Herrmann in seiner senffarbenen Uniform und mit roter Armbinde, die ein schwarzes Hakenkreuz trug, stand vor mir. Die taillierte Reiterhose steckte in hochglanzpolierten Schaftstiefeln – alles vermittelte Macht und Arroganz. Er musterte mich mit strengem Blick. Es lief mir eiskalt über den Rücken und ich wusste sofort, dass dieser Mensch Juden hasste. Er schaute zu seiner Schreibgehilfin und fragte: »Können wir beginnen?« Sie nickte.

»Frau Amend, Sie sind heute vorgeladen, um über den Inhalt eines Briefes von der GeStaPo (Geheimen Staatspolizei) in Kenntnis gesetzt zu werden und danach den Sachverhalt zu bestätigen.

Zuerst die Personalien, Frau Müller schreiben Sie:

Name?«
»Bertha Amend, geb. Fischer.«

Frau Müller tippte in flottem Tempo das Gesagte in die Schreibmaschine.

»Geboren am?« »23. März 1896.«

»Geboren in?« »Karlsruhe.«

»Verheiratet?« »Ja.«

»Kinder?« »Ja, eine 23-jährige Tochter.«

»Sie sind mit Ihrer Familie wohnhaft in Unterrot?«

»Ja, seit der Ausbombung in Stuttgart am 26. Juli 1944 –
es war furchtbar, überall brennende Häuser, der Geruch
von verbranntem Fleisch, die vielen Toten. ...«

»Ruhe! Das tut hier nichts zur Sache!«

»Sind Sie jüdischen Glaubens?«
»Ja.«

»Ich lese Ihnen nun das an Sie gerichtete Schreiben der
GeStaPo der Leitstelle Stuttgart vor:

*»Juden bzw. Jüdinnen, auch jüdische Teile aus Mische-
hen, sofern sie unter Anlegung eines strengen Maßstabes
arbeitsfähig sind,*

– ich betone nochmals: ›arbeitsfähig‹,

*ohne Rücksicht auf zurzeit bestehende Arbeitsverhältnis-
se, haben sich zu einem geschlossenen Arbeitseinsatz im
Laufe des <u>Montags, 12. Februar 1945,</u> im Durchgangslager Bietigheim, Kreis Ludwigsburg, einzufinden.*

*Mitzunehmen sind: Marschverpflegung für fünf Tage,
1 Koffer oder Rucksack mit folgenden Ausrüstungsgegen-
ständen:*
1 Paar Arbeitsschuhe,
2 Paar Strümpfe,
2 Hemden,
2 Schlüpfer bzw. Unterhosen,
1 Arbeitsanzug bzw. Arbeitskleid,
2 Wolldecken,
2 Garnituren Bettzeug,
1 Essnapf,
1 Trinkbecher,
1 Löffel.

*Zur Kenntnis genommen durch Bertha A m e n d und be-
stätigt durch die persönliche, hierher vorzunehmende Un-
terschrift.*

Haben Sie alles verstanden?«

»Ja«

»Dann hier unterschreiben!«

Ich trat vor und mit zitternder Hand unterschrieb ich.

»Sie erhalten eine Kopie, mit der Sie sich am 12. Februar im Durchgangslager in Bietigheim melden müssen.

Sonst noch Fragen?«
»Ja ... und wenn ich nicht arbeitsfähig wäre?«

»Das entscheidet der Oberamtsarzt Dr. Hans Burchardt in Backnang, wo Sie sich noch vorstellen müssen, Adresse steht hier in dem Schreiben.
Noch weitere Fragen? ... Wenn nicht! ... Dann ist die Verhandlung geschlossen. Sie können gehen und vergessen Sie nicht, Ihr Attest über die Gesundheitsprüfung hier wieder abzugeben.«

Wichtiges Attest

Aufgrund des Passus in dem Befehl – sofern Sie unter Anlegung eines strengen Maßstabes arbeitsfähig sind – hoffte ich auf eine Arbeitsunfähigkeit. Ich musste unbedingt ein Attest bekommen, das mir meine Arbeitsunfähigkeit bescheinigte. Ich erinnerte mich an meinen damaligen Arzt, Dr. Barchet in Stuttgart in der Hohenheimer Straße. Mit dem nächsten Zug bin ich dann sofort zur Begutachtung zu ihm gefahren. Gott sei Dank war sein Haus intakt und er behandelte jetzt viele durch die Bombenangriffe Verwundete. Seit der Geburt meiner Tochter Ilse Gertraud im Jahre 1922 kannte er mich. Ohne groß nachzufragen, stellte er mir eine Bescheinigung aus, dass ich nicht arbeitsfähig sei. Glücklich diese Bescheinigung zu haben, bin ich dann nach Backnang zu dem Oberamtsarzt Dr. Hans Burchardt zur vorgeschriebenen amtsärztlichen Untersuchung gefahren. Wieder machte sich in mir das Gefühl einer judenfeindlichen Ablehnung breit, als ich ihm gegenüberstand. Anhand der rüden, unfreundlichen Untersuchung war ich mir sofort über das Resultat im Klaren. Er bat mich, nochmals im Wartezimmer Platz zu nehmen und nach kurzer Zeit, ohne etwas zu sagen, überreichte er mir seinen Bericht in einem verschlossenen Umschlag zur Weiterleitung an den Bürgermeister.

Als ich aus der Praxis in den Treppenflur trat, fragte ich mich, welches Attest hatte mir nun Dr. Burchardt ausgestellt?

Ich ging zum Fenster des Treppenhauses, um besser sehen zu können, überlegte, ob ich das geschlossene Kuvert gleich öffnen sollte. Doch es musste sorgfältig geschehen, ohne Spuren zu hinterlassen, denn ich hatte ja den Auftrag, diese Bescheinigung beim Bürgermeisteramt abzugeben. Wieder zu Hause angekommen, konnte ich nicht länger warten. Es war niemand da, und so konnte ich mein Vorhaben in Ruhe umsetzen. Ich brachte einen Topf mit Wasser zum Kochen, hielt den Brief über den Wasserdampf, trennte geschickt mit einer Haarnadel die Klebeflächen voneinander. Etwas zitternd faltete ich den Brief auseinander. Meine Augen erfassten das Maschinengeschriebene in rascher Folge, blieben dann bei den Worten stehen: »Somit ist die Jüdin Bertha Amend als <u>arbeitsfähig</u> zu beurteilen.«

Panische Angst erfasste mich. Ich legte den Brief auf den Tisch, setzte mich auf den Stuhl und las noch einmal: ... »Als arbeitsfähig zu beurteilen«. Es war das Urteil eines herzlosen Arztes und gleichzeitig mein Todesurteil. Er war nun der Richter, der über »Tod oder Leben« entschied.

So musste ich mich innerhalb von vier Tagen, am 12. Februar 1945, zu einem Sammeltransport für einen geschlossenen Arbeitseinsatz im Übergangslager in Bietigheim, Kreis Ludwigsburg melden.

Vorsichtig steckte ich den Brief in das Kuvert und verschloss es sorgfältig. Keiner merkte etwas. Auch nicht im Bürgermeisteramt, wo ich das Kuvert in den Briefkasten warf.

Welche Möglichkeiten hatte ich? Durch eine Flucht unterzutauchen, um den ausgeschickten Judenschnüfflern zu entkommen und vielleicht zu überleben? Aber es bestand ein großes Risiko irgendwo aufgegriffen zu werden, deportiert und dann im KZ zu sterben. Es war mir klar und es hatte sich auch herumgesprochen, dass deportierte Juden in den Arbeitslagern nicht überlebten. So beschloss ich in der Nacht vom 8. auf den 9. Februar 1945 zu fliehen. Für diese Flucht musste ich mir noch für die Obrigkeit etwas Glaubhaftes ausdenken. Ich hatte auch schon eine Idee, bevor die dramatische, gefährliche Reise ins Ungewisse begann.

Die ungewisse Reise beginnt

Nach meiner Rückkehr blieben mir noch zwei Stunden Zeit, um zu packen. Das verzweifelte Weinen meiner Tochter Ilse bei diesem Abschied habe ich noch heute in den Ohren. Ich nahm sie immer wieder in den Arm, tröstete sie mit den Worten: »Verzweifle nicht, du wirst sehen, unser Gott ist mit uns. Mit seiner Hilfe werden wir uns wiedersehen.« Um sie vor Repressalien, ja vor dem Tod wegen meiner Flucht zu schützen, hatten wir ausgemacht, ich wäre nochmals mit dem Zug nach Stuttgart gefahren, um Verschiedenes aus den Koffern, die in unserem zerstörten Hause, im Keller lagerten, zu holen. So schrieb ich auf einen Zettel »Als letzten Gruß«, dass ich keinen anderen Ausweg sähe, als mir das Leben zu nehmen. Den Zettel, den meine Tochter angeblich am nächsten Morgen gefunden hätte, sollte sie dann zum Bürgermeisteramt bringen, was sie auch tat. Ich war nun für die Behörden tot und konnte auch nicht mehr zum Arbeitsdienst herangezogen werden. Es ging mir aber durch den Kopf, was wäre, wenn mich eine Patrouille aufgreifen würde? Ich konnte mich ja nur mit meiner Judenkennkarte ausweisen.

Es regnete leicht, als ich in der feuchtkalten Nacht das Haus mit einem Rucksack und einem Koffer verließ. Jetzt ausgerechnet schlug wütend der Hund des Nachbarn vom ›Erbhofbauern‹ an. Aber Gott sei Dank, es blieb dunkel, kein Licht war in den Fenstern zu sehen. Meinen Arbeitgeber Gottlieb Raiser, dem ich vertraute, hatte ich in mein Vorhaben eingeweiht und er sollte mich mit seinem Auto an der Landstraße außerhalb des Ortes abholen. Furchtbare Angst überfiel mich, als er zum vereinbarten Zeitpunkt nicht kam. Ganz verzweifelt duckte ich mich mit dem Gepäck ins Gebüsch, um von niemandem erkannt zu werden.

Nach über einer Stunde ausharren in der Kälte, sah ich endlich das Auto von Herrn Raiser, das wegen eines Defekts noch repariert werden musste. Als ich bei ihm einstieg, schaute ich zum Dorf zurück und fragte mich, ob ich jemals meine Familie wiedersehen würde? Hinter der ersten Kurve, in der Dunkelheit der Nacht, begann meine Flucht mit Angst und Sorge.

Von Bekannten erhielt ich die Adresse einer hilfsbereiten, wohltätigen Frau in Karlsruhe, die mir weiterhelfen sollte.

Gottlieb Raiser wollte mich mit dem Auto nach Karlsruhe bringen, doch größere Städte wurden verstärkt kontrolliert, so endete nun die Autofahrt in Durlach.

In einer nahegelegenen Wirtschaft lud ich Herrn Raiser zu einer Vesper ein. Dort trafen wir einen Fuhrmann, der mit seinem Pferdegespann Halt machte. Durch gutes Zureden des Herrn Raiser nahm mich dieses Pferdefuhrwerk bis zur Stadtmitte von Karlsruhe mit. Dort suchte ich die Wohnung und traf eine sehr verunsicherte Frau an, die mir einen Teller Suppe gab und doch gleichzeitig sagte, dass ich keinesfalls hierbleiben könne. Es sei für uns beide viel zu gefährlich. Erschöpft schlief ich auf dem Küchenstuhl ein und erwachte, als die Sirenen zum Großalarm heulten. Wieder machte mir die Frau klar, dass ich auf keinen Fall mit ihr zum Luftschutzkeller des Hauses gehen könne. Während die ersten Bomber über der Stadt kreisten, fand ich einige Häuser weiter in einem öffentlichen Luftschutzkeller Deckung. Nach dem Alarmende holte ich mein Gepäck in ihrer Wohnung wieder ab und fuhr mit der Straßenbahn zum Bahnhof.

Ich war unendlich verzweifelt und wusste nicht wohin, da man ohne Erlaubnisschein nicht mehr als 75 km reisen durfte. Es fiel mir ein, Angehörige von Gottlieb Raiser hatten einmal von einem Arzt Dr. Linsenmeier in Heilbronn erzählt. Ich löste eine Fahrkarte nach Heilbronn. Auf der Fahrt dorthin gab es laufend Luftangriffe und schon nach kurzer Fahrt kam der Zug zum Stehen. Nach dem Angriff ging es nach Bretten weiter. Dort mussten alle aussteigen und wir lagen stundenlang im dunklen Bahnhof wie Heringe dicht gepresst aneinander. Erst am Mittag des folgenden Tages erreichten wir Heilbronn. Ich fragte nach der Adresse von Dr. Linsenmeier und erfuhr, dass sein Haus zerbombt sei und er als Militärarzt außerhalb von Heilbronn im Lazarett arbeite. In einer Wirtschaft fragte ich, ob ich mein Gepäck dalassen könne. Ich würde zum Krankenhaus gehen, um einen Besuch zu machen. Im Krankenhaus fand ich Dr. Linsenmeier und wartete im Sprechzimmer, bis ich aufgerufen wurde. Gleich bei der ersten Begegnung gewann ich den Eindruck einen mitfühlenden Menschen getroffen zu haben.

Dr. Linsenmeier schilderte ich meine Not und er war bereit, mich in dem noch intakten Luftschutzkeller seines zerstörten Hauses unterzubringen. Dort wäre ich sicher. Unter schwierigen Umständen erstand ich in einem Lebensmittelladen die notwendigsten Lebensmittel und Getränke. Als wir zu der breiten Allee kamen, wo das Haus sein sollte, standen wir vor einem völlig zerstörten, ausgebrannten Patrizierhaus.

Ich konnte den Schmerz von Dr. Linsenmeier erahnen, jetzt eine Ruine zu besitzen, die nur noch für den Abbruch taugte.

Herr Linsenmeier ging vorsichtig die Stufen abwärts zu den Kellerräumen. Ich folgte. Um nicht auf der mit Schutt bedeckten Treppe zu stürzen, tastete ich mich mit der Hand an der Wand entlang. Fühlte, dass die Wände vom Brand noch ganz warm waren. Tief unten gab es einen Raum, den man mit einer eisernen Türe verschließen konnte. Die einzige Einrichtung in diesem Raum bestand darin, dass in einer Ecke ein Haufen Stroh lag. Ich hatte mit Dr. Linsenmeier vereinbart, dass ich, sobald es dunkel ist, mein Gepäck vom Bahnhof holen würde. Bis dahin legte ich mich erschöpft auf das Stroh. Meine Handtasche benutzte ich als Kopfkissen. Endlich konnte ich seit Tagen wieder einmal ausruhen, aber ich war zu müde, um mir zu überlegen, wie es weitergehen sollte. Bei Einbruch der Dämmerung stand ich auf, um mein Gepäck zu holen. Ich ging zur Stahltüre und stellte fest, dass sie von außen verriegelt war und innen keinen Griff zum Öffnen hatte. Dr. Linsenmeier hatte sie versehentlich von außen verschlossen. Entsetzen erfasste meinen Körper. Ich bebte vor Angst und versuchte mit zitternden Händen die mitgebrachte Kerze anzuzünden. Ich suchte den Raum ab und fand im hinteren Teil an der Wand einen Luftschutzausstieg, ein kleines Fenster direkt unter der Decke. Mit größter Anstrengung versuchte ich die in halber Höhe eingelassenen Eisenbügel zu erreichen, zog mich daran hoch, zwängte mich durch das kleine Fenster ins Freie. Außer Atem lag ich zwischen Schutt und Mauerresten nun im Freien.

Am Bahnhof holte ich mein Gepäck, ging schweren Schrittes zurück zu meiner Bleibe. Von außen öffnete ich den Riegel der verschlossenen, schweren Türe und legte mich müde wieder auf das Stroh, ruhte aus. Später dachte ich, dass ich etwas essen sollte. Ich hatte genügend Vorrat dabei, aber es war merkwürdig: Ich hatte seit der bisherigen Flucht kein einziges Mal großen Hunger gespürt. Das Entsetzen, die

Angst und nicht zuletzt die fortwährende Konzentration, das Richtige zu tun und zu reagieren, auf alle Eventualitäten gewappnet zu sein, überlagerten die Hungergefühle. Im Halbschlaf zu liegen, wach genug, um das geringste Geräusch zu vernehmen und schlafend genug, um nichts mehr zu denken und nur die ersehnte Totenstille der Einsamkeit zu empfinden, hatte ich jegliches Gefühl für Zeit verloren.

Fast wie erwartet gab es erneute Schwierigkeiten. Als Dr. Linsenmeier mich wieder aufsuchte, ahnte ich nichts Gutes. Er berichtete von den Ängsten seiner Frau wegen des Verstecks, dass es viel zu gefährlich sei, Leute zu verstecken.

Er bat mich, dass ich mir nun eine andere »Bleibe« suchen müsse. Und da war sie wieder ... die verzweifelte Frage: Wohin? Wohin? Ja, nur wohin?

Wieder unterwegs

Ich beschloss wieder zurück in Richtung Crailsheim zu gehen bzw. zu fahren. Von Heilbronn nach Crailsheim waren es aber mehr als 75 km und ohne Fahrerlaubnisschein bekommt man keine Fahrkarte für diese Entfernung. Ich stand frierend zwischen den Ruinen und wartete auf ein Wunder, das nicht kam.

Ruinen von Heilbronn

Dazu noch im strömenden Regen, es gab kein Erbarmen. Ich hatte zwar zwei Mäntel übereinander angezogen, doch der erste durchnässt, durchdrang den zweiten mit Kälte und Feuchtigkeit. Ohne Zeitgefühl stand ich da, wusste selbst nicht, wie lange. Verzweifelt und hoffnungslos, traute ich meinen Augen nicht mehr, was sie sahen. In der Ferne kamen zwei Männer auf mich zu, keine Deutschen. Ich hörte es an den Stimmen, es war Italienisch. Ich hatte trotzdem panische Angst, sie würden mir etwas tun, aber sie machten einen freundlichen Eindruck. Ich fragte sie, ob sie mir helfen könnten, helfen mit dem Gepäck. Sie begleiteten mich über Lauffen am Neckar entlang in Richtung Ludwigsburg. Ich wollte sie für ihre Hilfe bezahlen und bot ihnen Zigaretten und Geld an. Sie sagten, sie müssen zurück zu ihrem Arbeitslager in Kirchheim.

Das war die gleiche Richtung, in die ich auch wollte und sie waren bereit mir zu helfen. Den langen Weg durch Wälder und Felder immer der Landstraße entlang bis zum Bahnhof Kirchheim, trugen sie bereitwillig mein Gepäck. Zum Dank gab ich ihnen Zigaretten und etwas Schokolade, Geld wollten sie nicht. Dort im kalten Wartesaal, harrte ich frierend aus, bis der Zug fuhr.

Unser Zug erreichte dann Bietigheim, wo ich umsteigen musste. Mit einiger Sorge sah ich dieser Begebenheit entgegen, denn es war Montag, der 12. Februar 1945, der Tag, an dem ich mich in Bietigheim für das Arbeitslager stellen sollte. Aber nichts ereignete sich, nichts war zu sehen! Ich war mir sicher, die Verladung der Verbannten geschah nicht in der Öffentlichkeit, sondern wohl weit draußen, auf irgendeinem Gütergleis, wahrscheinlich in Viehwagen, wie das so üblich war.

Verladung zu den Arbeitslagern

In Ludwigsburg angekommen, löste ich erneut eine Fahrkarte nach Backnang, um innerhalb der 75-Kilometer-Zone zu bleiben. Mit viel Glück und Gottvertrauen erreichte ich dann in mehreren Etappen, teils zu Fuß, teils durch erneute Kurzstrecken mit der Bahn, morgens gegen 3 Uhr Crailsheim.

Wieder regnete es. Ich war noch nass und fror immer noch entsetzlich. Von Herrn Raiser hatte ich eine Adresse in Crailsheim bekommen, dort wohnten Verwandte seiner Familie.

Ich läutete unten am Haus der Familie Oechsle, und es dauerte lange, bis sich jemand am Fenster zeigte. Ich sagte, dass ich die Adresse von Familie Raiser hätte und ich mich bei Frau Oechsle melden solle. Wieder verging eine lange Zeit, bis man mich hereinließ. Ich weiß, dass Frau Oechsle einen schweren innerlichen Kampf mit sich focht, ob sie mich aufnehmen sollte. Sie tat es, ohne dass sie etwas zu mir sagte.

Diese Frau gehörte zu den seltenen Menschen, die von den Gedanken her: »Liebe Deinen Nächsten, wie dich selbst« – wahrhaftig durchdrungen sind. Sie brachte mir eine warme Suppe und Hausschuhe, und ich konnte mich waschen und meine Kleider trocknen. Ach, wie glücklich ich war.

Ich fühlte mich in Sicherheit, wurde aber den Gedanken nicht los: Wie komme ich zu neuen, gefälschten Papieren, um wieder unter Menschen gehen zu können und andere hilfsbereite Personen nicht zu gefährden.

Meine Judenkennkarte, die ich versteckt hatte, war eine große Belastung, wenn sie gefunden worden wäre.

Das Versteck bei Familie Oechsle war unten im Haus ein Lagerraum. Man hatte eine Art Feldbett aufgebaut, ein Holzgestell mit Segeltuch bespannt, diente als Liege. Als ich das erste Mal da hinunterstieg in jener Nacht, hatte ich nicht gedacht, dass dieser Ort nun für vier Wochen mein sogenanntes »Zuhause« werden sollte. Ein Zuhause, in dem ich nicht wagen konnte, mich zu entkleiden oder die Schuhe abzulegen. Noch schlimmer war, dass ich von dem langen Durchnässt-Sein eine furchtbare Erkältung davongetragen hatte, die wohl gerade an einer Lungenentzündung vorbeiging. Ein entsetzlicher Husten quälte mich, und ich durfte doch keinen Laut von mir geben.

Es kam die Zeit, wo die mehrfachen Luftangriffe auf Crailsheim einsetzten. Bei jedem Sirenensignal stürzten die Hausbewohner in den Keller und saßen dann vor meiner Türe, ihre Ängste und Sorgen austauschend. Ich kannte schon jeden einzelnen Bewohner an der Stimme, ohne sie je gesehen zu haben. Aber auch ohne Sirenenalarm war es zu Tages- und Nachtzeiten gefährlich für mich. Das Bügelzimmer und die Waschküche befanden sich unten neben dem Lagerraum und oft war darin jemand beschäftigt. Auch konnte es sein, dass zu jeder Zeit jemand herunterkam, um aus seinem Luftschutzkoffer etwas zu holen. Die Toilette befand sich auf der anderen Seite des Kellers. Auf dem Weg dorthin durfte mir niemand begegnen, es hätte dann keine Rettung für mich gegeben. Ich zitterte oftmals nicht nur für mich, sondern auch für Familie Oechsle.

Ich dachte an die Bibel und an Gott, der dem jüdischen Volk aus mancher misslichen Lage half und betete, er möge auch mir in meiner Situation beistehen. Als ich so in Gedanken war, hörte ich Schritte die Kellertreppe herunterkommen. Die Tür hatte ich von innen verschlossen und kauerte mich in die hinterste Ecke des Raumes. Mein Atem stockte, als es klopfte.

»Frau Amend, brauchen Sie noch etwas?«, fragte Herr Oechsle leise. Erleichtert öffnete ich und wäre ihm fast um den Hals gefallen, aber meine Beine zitterten immer noch vor Angst.

»Wenn Sie vielleicht etwas warmen Tee hätten, wäre mir geholfen«, sagte ich demütig. Nach einiger Zeit kam er mit dem Tee zurück. Das warme Getränk tat gut, gut für meinen Husten, der mich immer noch plagte.

Als Herr Oechsle gegangen war, legte ich mich wieder auf die Pritsche und versuchte mich zu beruhigen. Ich dachte an meine Familie und wie es ihr wohl gehen möge. Auch dachte ich an den Transport, der jetzt ohne mich unterwegs war und dessen Ziel im Arbeitslager endete, um dann in der Gaskammer zu sterben. Wir hörten immer wieder von der Verfolgung und Verschleppung der Juden, aber wie ein Wunder bin ich bis jetzt verschont worden. Oft sprachen mein Mann und ich über die Meldungen, die hinter vorgehaltener Hand geflüstert wurden von den Unterbringungen der Juden in den KZs. Auch musste ich nicht den gelben Judenstern tragen, wie es Vorschrift war, vielleicht weil wir in einer Mischehe lebten. Ich wurde nie dazu aufgefordert. Vielleicht war es auch Gottes Wille, mich zu schonen. Ich wusste, dass Herr Raiser zu Herrn Öchsle gesagt hatte, dass er so schnell wie möglich eine Lösung für mich suchen wolle.

Aber die Tage und Wochen zogen sich hin, ohne dass etwas geschah. Ich war und blieb zunächst im Keller.

Die Luftangriffe wurden stärker und stärker und wieder einmal schien die Erde zu beben.

Noch vor Wochen sangen wir in unserem Haus in Stuttgart:

```
Wo Häuser bersten, dass es tobend kracht,
Wo Steine fliegen mitten in der Nacht,
Wo Bomben sausen und das Feuer braust ---
Da ist meine Heimat, da bin ich zu Haus.
```

Nun sang ich nicht mehr. Meine Heimat war mir genommen worden und mein »Zuhause« war nun eine Kellerecke, in der ich mit entsetzlicher Angst ausharren musste. Angst, dass jede Minute die Türe des Kellers ausgehebelt und ich entdeckt werden würde.

Wölfe

Ich versuchte zu schlafen. Mein Körper war müde, mein Geist hatte Angst vor den Albträumen, die mich in letzter Zeit öfters im Schlaf überfielen. Es waren schreckliche Szenen, die in meinem Kopf abliefen.

So sah ich mich auf der Flucht, keiner durfte mich sehen oder erkennen. Immer tiefer ging ich in den dunklen, gespenstischen Wald, dachte, dort sicher zu sein. Hinter den Bäumen erschienen Gestalten. Es waren keine Menschen, sondern Tiere, hässliche, furchterregende graue Wölfe, die mich längst beobachtet hatten. Ich begann zu laufen, immer schneller, doch die Gestalten folgten. Vorbei an Gehölz, Gebüsch, Wurzeln und Steinen rannte ich, immer bedacht, auf dem regennassen, glitschigen Boden Halt zu finden. Ich trieb mich an: Schneller! Schneller! Doch meine Beine versagten mit der Zeit. Meine Lungen keuchten, konnten keine neue Atemluft aufnehmen. Ein mit Moos bewachsenes Holzstück beendete mein hektisches Tun. Ich stolperte, schlug mit dem linken Knie gegen einen Stein und blieb schmerzverzerrt liegen. Jetzt kamen die hässlichen Tiere näher. Ihre Augen leuchteten in einem funkelnden hellgrünen Licht und ich konnte die Form eines Hakenkreuzes in ihren Pupillen erkennen. Einer von ihnen kam mit fletschenden Zähnen auf mich zu. Ich hielt meine Hände schützend vors Gesicht. Er aber hatte es auf meinen Hals abgesehen. Ein Biss in die ungeschützte Kehle hätte für mich das Ende bedeutet. Aus seinem aufgerissenen Rachen kam mir ein ekelhafter Geruch von verwesendem Fleisch entgegen. Für meine Seele war das alles zu viel und ich wurde ohnmächtig.

Schweißgebadet erwachte ich im Kellerraum auf der Pritsche, tastete über meinen Körper, kontrollierte den Zustand. Ich atmete tief durch und fing an zu weinen. Wieder einmal holte mich die fortwährende Angst in so schmerzlicher Weise ein.

Doch dann hörte ich Schritte auf der Treppe und gleich danach ging das Kellerlicht im Flur an. Hatte ich in meinem Traum laut geschrien? Hörte jemand davon? Das Herz blieb mir fast stehen, als es leise an meiner Türe klopfte.

»Hallo Frau Amend! Sind Sie wach«, es war die Stimme von Herrn Oechsle, »ich habe Ihnen etwas zum Essen vor die Türe gestellt: Brot, Wurst, Käse und etwas warme Milch.«

Neue Papiere

Jetzt nahmen die Luftangriffe auf Stuttgart immer mehr zu. Auch Crailsheim blieb nicht verschont. Es gab Tage, da schien die Erde zu bersten mit allem Lärm und der ungeheuren Wucht der einschlagenden Bomben. Der Feuerschein am nächtlichen Himmel ließ die Nacht zum aufflackernden Tage werden.

Bomben über Deutschland

Immer wieder überkam mich eine entsetzliche Angst, wenn ich so zusammengekauert im Keller saß. Ich dachte, was wäre das Schlimmste, was dir passieren könnte? Es waren nicht nur die Bomben, die jede Sekunde den Tod bringen konnten, sondern wir hatten längst verlernt, uns vor den Luftangriffen zu fürchten. Das Schlimmste war die Angst aufgegriffen zu werden. Ja, es war so, dass wenn wieder einmal die Stadt brannte, ich eine Zeitlang Ruhe vor der Verfolgung hatte. So beschloss ich, mich möglichst wenig und nur in der Nacht in meinem Versteck aufzuhalten. Morgens im Dunkeln, wenn es im Haus noch ruhig war, verließ ich den Keller und im Dunkel der Nacht kehrte ich zu meinem Lager zurück. Mein einziger Gedanke damals, wie komme ich an falsche Papiere, denn ich konnte mich ja nicht identifizieren.

In den vorfrühlingshaften Tagen hielt ich mich meistens im Wald oberhalb von Crailsheim auf. Manchmal ging ich auf der Landstraße zu einem kleinen Ort, wo sich eine Wirtschaft beim Marktplatz befand und verbrachte dort den Tag. Hier traf ich auf eine bunt zusammen gewürfelte Gesellschaft. Frauen mit kleinen Kindern, ältere, alleinstehende Rentnerinnen. Ich mischte mich unter die Leute, fühlte mich sicher. Doch eine gesprächige Frau fiel mir unter den Gästen auf. Nicht nur, weil sie rauchte, sondern auch durch ihre ganze Aufmachung und ihre Gesprächsbeiträge, die darauf hindeuteten, dass sie aus besseren Kreisen stammte.

Ich war während meiner ganzen Flucht betont einfach gekleidet. Ich hatte einen dunkelblauen Rock und einen Sweater an, eine Strickjacke, einen Lodenmantel und wenn es ganz kalt war, darunter einen zweiten Mantel. Unter einem Kopftuch versteckte ich meine dunklen Haare.

Morgens, wenn es im Haus noch ruhig war, stahl ich mich zuerst hinaus. Vor der Toilette gab es einen Wasserhahn. Wenn ich mir sicher war, dass gerade niemand kommen würde, wusch ich mir schnell mein Gesicht. Das tat gut! Ein Handtuch hatte ich immer in meiner Handtasche dabei. Ich bin bei dieser Verrichtung, die mir gefährlich werden konnte, nie erwischt worden.

Etwas zum Lesen oder Nähen hielt ich in meiner großen Tasche immer bereit, denn ich wollte im Gasthaus ungestört sein. Es war mir begreiflicherweise am liebsten, wenn ich in kein Gespräch verwickelt und nach dem »Woher« und »Wohin« gefragt wurde. Aber ich durfte auch nicht zu verschlossen sein, dann wäre ich auch wieder aufgefallen. Meine Geschichte war jetzt, welche ich den Leuten erzählte, dass ich eine alleinstehende Frau aus dem Rheinland sei und hier auf die Nachricht von Freunden im Allgäu warte, zu denen ich reisen wolle. Aber wegen der Fliegerangriffe hatte ich noch keine Nachricht erhalten. Auf die Frage, wo ich wohne, antwortete ich, in der Nähe des Bahnhofs.

Ich merkte, dass die gepflegte, zigarettenrauchende Dame an mir Gefallen fand. Sie fragte, ob sie sich zu mir an meinen Tisch setzen dürfe. Sie hatte erfahren, dass ich aus dem Rheinland komme. Sie war ebenfalls kinderlos und die

Frau eines im Felde stehenden Hauptmanns. So kam dann die Frage, woher ich im Rheinland sei. Ich sagte, aus Köln, schloss aber gleich an, um weiteren Fragen auszuweichen, dort nicht lange gewohnt zu haben. Ursprünglich stamme ich aus Bayern, ich dachte, dass sie sich dort nicht auskennt.

Unser Gespräch setzte sie fort und zeigte mir den seidenen Schal, den sie trug, der mit französischen Blumennamen bestickt war. Stolz fügte sie an, dass ihn ihr Mann aus Paris mitgebracht hätte. Unvorsichtig ließ ich mich in ihr Gespräch ein, als sie fragte, ob ich Französisch könne. Sie verstehe die Bedeutung der Namen auf dem Halstuch nicht, sie könne sie nicht lesen. Leichtsinnig übersetzte ich. »Kommen Sie doch mal auf eine Tasse echten Bohnenkaffee bei mir vorbei. Ich habe hier im Ort ein möbliertes Zimmer«, sagte sie freundlich. Ich bedankte mich für die Einladung, die ich leider nicht annehmen könne, denn bei echtem Kaffee bekomme ich immer Magenprobleme. Diese Ausrede fiel mir ein, denn durch ihr penetrantes Nachfragen hätte ich früher oder später Probleme bekommen.

Die Zeit verging. Langsam wurde es wärmer. Eines Morgens stand ich am Rande der Hauptstraße, als die Sirenen ertönten: Großalarm! Eine Frau kam eilends auf mich zu. Die Frau, bepackt rechts und links mit Taschen, auf dem gebeugten Rücken einen schweren Rucksack, blieb bei mir stehen und fragte: »Ist das Großalarm?« Ich bejahte.
»Kommen Sie mit!«, schrie ich, »dort drüben am Waldrand suchen wir Deckung«. Wir rannten so schnell es ging zu einer Buschgruppe. Völlig erschöpft sank die Frau nieder und brach in Tränen aus, sie schien am Ende ihrer Kraft zu sein. Sie erzählte mir weinend, dass sie aus dem Rheinland stamme und ausgebombt worden sei. Ihr Mann kämpfe an der österreichischen Front, ihr Sohn und einziges Kind bei der Marine als Matrose in einem Unterseeboot und sie hätte fünf Monate lang keine Nachricht mehr von ihm erhalten. Hier in Crailsheim, bei ihrer Schwiegermutter und Schwägerin gehe es ihr nicht gut. Sie müsse arbeiten und würde wenig zu essen bekommen.

Ich dachte, ein schweres Los hat die Frau und meines ist nicht viel kleiner. Mit tröstenden Worten versuchte ich die

Frau zu beruhigen und sie umarmte mich dafür dankend. Konnte ich in die Seele dieser Frau schauen? Oder setzte ich alles in meiner Verzweiflung nun auf eine Karte?

– Ich weiß es nicht. – Vielleicht!

Mit großem Risiko erzählte ich ihr, wer ich sei und dass ich sehr verzweifelt sei, keine Papiere zu haben und ich alles tun würde, eine neue Identität zu erhalten. Diese Frau musste Gott mir geschickt haben. Sie suchte in einer der Taschen und gab mir sofort ihren Versorgungsausweis für gewerbliche Erzeugnisse vom Landwirtschaftsamt Düsseldorf, ihre vierte Reichskleiderkarte, einen Bezugsschein für Spinnstoffwaren, dazu noch eine Bescheinigung für Bombenschaden ihres zerstörten Hauses. Ich glaubte zu träumen. ...

»Ich brauche die Karten nicht mehr«, sagte sie, »hier nützen sie mir nichts.« Und mir retteten sie das Leben, denn ich hatte sofort eine Idee, wie ich sie verwenden könnte. So war ich also zu Frau Helene Manz geworden. Sieben Jahre jünger und aus Neuss am Rhein. Ausgerechnet Neuss, eine der Städte, die den Amerikanern zuerst in die Hände fielen. Nun mit amerikanischer Militärverwaltung, bei der eine Zurückverfolgung der Papiere fast unmöglich schien.

Glücklichen Herzens ging ich zurück in den Kellerraum und bat Herrn Oechsle mit Herrn Raiser zu telefonieren, um ihn über den neusten Stand zu informieren. Wir hatten beschlossen, mit dem Auto nach Aalen zu fahren. Beim Einwohnermeldeamt bestand nun die Möglichkeit, mit den Ausweisen eine provisorische Legitimation zu erhalten und den Anspruch, ein möbliertes Zimmer zu suchen. Wieder über einen Bekannten erfuhr Herr Raiser von einer Witwe in der Sandstraße 22, die ein Zimmer frei hätte. Und so geschah es, dass ich, die ausgebombte Frau Helene Manz, geborene Albrecht, die nicht wusste, ob ihr vermisster Mann noch lebte, bei der Witwe Emilie Dalm einzog.

Zuerst musste ich meine neuen Daten lernen, Geburtstag, Geburtsort, wann konnte ungefähr mein Hochzeitstag gewesen sein? Auch wo mein Mann vermisst sein konnte, hatte ich mir ganz genau zurechtgelegt, sodass eine Nachprüfung nicht leicht möglich gewesen wäre. Gut vorbereitet, bin ich am nächsten Tag zur Aalener Polizei gegangen und meine Anmeldung wurde unter Vorlage der Papiere ordnungsgemäß vorgenommen. Ich weiß noch genau, wie mir der

Schutzmann, ich glaube Wagner hieß er, freudig die Papiere überreichte.

Das Leben veränderte sich nun grundlegend. Mit dem falschen Namen und den falschen Papieren hatte ich mir einen kleinen Teil meiner Freiheit wieder zurückgewonnen. Ich wohnte in einer sehr ruhigen Gegend in einem fast neuen Haus von Frau Dalm. Sie war eine einfache, saubere Frau. Mein Zimmer befand sich im Dachgeschoss, ein kleiner sauberer Raum, mit Bett, Schrank und einem kleinen Tisch mit zwei Stühlen. Ich hatte mein Zimmer selbst in Ordnung zu bringen und meine eigene Bettwäsche zu stellen. Vom Fenster aus sah man in die Weite über die Häuser hinweg zum Waldrand in den Himmel. Ich war so glücklich.

Hatte jetzt ein richtiges Bett, konnte mich ausziehen und vor allen Dingen waschen, so oft ich wollte. Es war wie im Traum.

Ich kannte Aalen vorher nicht. Morgens ging ich in die Stadt, aß in irgendeinem Restaurant zu Mittag. Dies war nur möglich, weil ich auf der Behörde auch Lebensmittelkarten bekommen hatte. Nach dem Essen durchstreifte ich die Gegend in allen Himmelsrichtungen, sodass ich mich bald gut auskannte. An trüben Tagen hielt ich mich meistens in den Wäldern auf. Es gab dort nicht so viele Leute, die neugierig fragten. Schien die Sonne, ging ich oft ins Kino. Es war dort fast leer und außerdem saß man im Dunkeln. Bevor es Nacht wurde, war ich dann meistens zu Hause.

Die Abende im Zimmer fühlten sich kalt und klamm an. Manchmal sagte Frau Dalm zu mir, ich solle zu ihr ins Wohnzimmer kommen, weil sie dort den Ofen angeheizt hätte.

Sie war sehr besorgt um mich. Oft gab sie mir, wenn wir zusammensaßen einen Apfel, eine Rarität in der damaligen Zeit. Ich nahm immer etwas zum Nähen mit hinunter. Heute weiß ich nicht mehr genau, worüber wir uns unterhalten haben. Ich entsinne mich nur noch, dass sie mir erzählte, woher sie stamme. Ein anderes Mal sagte sie, dass sie eine Tochter hätte, die im Reichsarbeitsdienst Offizierin sei. Ich nahm dies schweigend zur Kenntnis und sagte dazu nichts. Ich verhielt mich generell ruhig, antwortete nur, wenn ich gefragt wurde. Sie schöpfte nun den Verdacht, dass ich wegen meines »vermissten Mannes« und meines »verschollenen Sohnes« an Depressionen litt. Als ich einmal erst spät nach Hause kam, machte sie sich Sorgen und wollte schon zur Polizei gehen, um mich suchen zu lassen. Sie dachte, ich hätte mir etwas angetan. Gott sei Dank, kam ich noch rechtzeitig. Eine Polizeibefragung wäre jetzt in meiner Lage nicht gut gewesen.

Eigentlich hätte ich nun zufrieden sein müssen. Ich hatte ein geordnetes Leben und meine schrecklichen Gedanken, keine Papiere zu haben, hatte sich erledigt. Ich wähnte mich in Sicherheit. Und doch quälte mich immer noch die Vorstellung der Verfolgung. Bei jeder verdächtigen Situation waren sie wieder da, die bösen Geister und Gespenster. Nachts konnte ich nicht schlafen, hörte auf jeden Laut und war fast dem Wahnsinn nahe, wenn ein Auto unten auf der Straße hielt. Jetzt! ... Jetzt! ... Gleich wird es läuten und dann holen sie dich. Panik erfasste mich, doch nichts geschah.

Ein anderes Mal ging ich an einem nebligen Tag im Wald spazieren. Niemand war zu sehen, als plötzlich eine Stimme meinen Namen rief: »Frau Manz!« Wer wusste meinen falschen Namen?

Mein Herz stockte. Ich dachte, das ist das Ende. Ganz mechanisch reagierte ich nicht darauf und lief meinen Weg weiter. Doch die Schritte holten mich ein.

»Wie geht es Ihnen Frau Manz?«, fragte erneut eine Männerstimme. Es war der Schutzmann Wagner von der Polizei, der mir damals die Papiere ausgehändigt hatte und nun im Wald Bäume markierte. Nur mit allergrößter Beherrschung konnte ich ihm antworten.

Aalen war zunächst von Fliegerangriffen verschont geblieben. So streifte ich nun in der Umgebung von Aalen umher und kam in das reizende, kleine Dörfchen Hofherrnweiler[11].

Es lag ungefähr eine Stunde zu Fuß von meiner Wohnung entfernt. Ich kehrte einige Male in die Wirtschaft des Ortes zum Mittagessen ein. Ich fragte die Wirtsleute, ob sie niemand im Ort wüssten, wo ich arbeiten könne. Über einiges Nachfragen bei verschiedenen Personen wurde mir der Pompelhof genannt und der Weg dorthin beschrieben.

Hofherrnweiler

Pompelhof

Ganz an Ende des Dorfes lag der Pompelhof[12]. Gleich hinter dem Hof erhob sich ein Berg mit Tannenwald, links davon im Tal erstreckten sich Felder und Wiesen und ganz in der Ferne auf einem Berg stand ein Schloss.

Als ich diese herrliche Natur sah, war mein ganzes Sein nur noch mit dem einen Gedanken erfüllt: Auf diesem Hof musst du bleiben, es gibt im Moment keinen besseren Platz auf der Erde.

Ich klopfte. Eine schwangere Frau öffnete die Tür. Ich brachte mein Anliegen vor. Sie ging, um die Bäuerin zu holen. Eine stattliche, große Frau kam und ich erzählte ihr, dass ich aus dem Rheinland stamme, ausgebombt sei, in Aalen wohne und sehr große Angst habe vor den Fliegerangriffen und es doch auf dem Land sicherer sei.

Ich könne ihr im Haushalt helfen, ich könne kochen, putzen, nähen, flicken, alles, was in einem Haushalt zu tun ist. Misstrauisch sah sie mich an und sagte, dass sie keine Arbeit habe und niemanden brauche. Ich wusste genau, dass das nicht stimmte. Ich betonte nochmals, dass sie mir nichts dafür bezahlen brauche und sie solle doch einen Versuch mit mir machen. Ich hätte ein Zimmer in Aalen und würde morgens zu ihr kommen und abends wieder gehen. Dann sagte sie: »Ich versuche es einmal, Sie können gleich dableiben.« Der Himmel hatte mir wieder mal beigestanden. Ich wusste, dass es kein sichereres Fleckchen auf der Erde für mich gab.

Sie hätte keine Arbeit, sagte die Bäuerin zu mir und brachte sofort einen großen Wäschekorb, gefüllt mit zerrissenen Socken. Ich saß den ganzen Tag da und stopfte. Auch ausreichend zu essen, bekam ich. Als ich mich abends auf den Weg machte, sagte die Bauersfrau, dass ich am nächsten Morgen wiederkommen solle. So begann mein Leben auf dem Pompelhof – als Magd ohne Bezahlung. Morgens machte ich die Betten, reinigte die Zimmer, schürte den Herd, kochte, buk manchmal Unmengen Waffeln für 10 Personen mit hungrigen Mägen. Dann nach dem Essen Geschirr abwaschen und wieder flicken.

Die Anzahl der amerikanischen und englischen Flugzeuge am Himmel mehrte sich. Zur Besetzung des kollabierenden Landes und gegen den verzweifelten, sinnlosen Kampf des Volkssturms setzten die Alliierten Fallschirmspringer ein.

Nach ihrer Landung durchkämmten sie systematisch die Gegend und die Wälder, machten immer wieder Gefangene.

Auch in Aalen fielen nun Bomben. Frau Dalm, bei der ich noch wohnte, bat mich, die Bauersfrau zu fragen, ob ich doch ganz auf dem Pompelhof wohnen könne, es wäre dort sicherer. Am anderen Tag zog ich dann mit meiner kleinen Habe auf dem Pompelhof ein. Ich schlief in der Magdkammer. Tagsüber wuchs mir die Arbeit über den Kopf, hatte ich kaum freie Zeit.

Abends lag ich stundenlang in meiner Kammer wach. Ich dachte an mein Kind, wo mochte meine Tochter sein? Wie ginge es meinem Mann? Auch dachte ich an meine Angehörigen in den Konzentrationslagern. Lebten sie noch? Dann waren meine Gedanken bei dem Anfang der Judenverfolgung, der Reichspogromnacht und bei dem Beginn des Krieges. Vor Augen sah ich unser zerstörtes Haus in Stuttgart, den verheerenden Feuersturm, die vielen Verletzten und die Toten. Viele Male sprachen mein Mann und ich über meine Zukunft als Jüdin. Wie lange wird es dauern, bis sie mich auf ihrer Liste hatten?

In Deutschland verbot das Gesetz zum Schutze des deutschen Blutes und der deutschen Ehre (Blutschutzgesetz), auf dem Reichstag der NSDAP in Nürnberg erlassen, fortan Eheschließungen zwischen »Deutschblütigen« und Juden und stellte diese außerehelichen Beziehungen zwischen ihnen als »Rassenschande« unter Strafe. Wir hatten Glück, denn erst kurz vor Ende 1944, wurden auch die Juden und Jüdinnen aus den Mischehen systematisch zu sogenannten Arbeitseinsätzen herangezogen, jenen Arbeitseinsätzen, die meistens in Konzentrationslagern endeten.

So hatten wir es geschafft bis dato einer Deportation zu entgehen. Doch wenn's dem guten Nachbarn nicht gefällt. ... Irgendjemand musste diese »Rassenschande« unserer Ehe aufgefallen sein und die Nazi-Schergen, die ideologisierten Henkersknechte, schritten zur Tat. Die bekannte Vorladung folgte.

Mit diesen trostlosen Gedanken schaute ich aus dem Fenster in die unendlich schöne, einsame Natur, die mir Hoffnung verlieh, und das Einzige war, was mich nicht enttäuschte.
Ich sah den Baum, der seine Zweige fast zu meinem Fenster hineinstreckte, an dem sich täglich mehr und mehr Knospen öffneten, sah den dunklen Tannenwald gleich hinter dem Weg, daneben Wiesen und Äcker.

Die Hoffnung blieb

Oft sah ich zerlumpte Männer auf dem Weg am Hof vor-
beigehen. Der eine oder andere kam herein und bat um etwas zum Essen oder fragte nach dem Weg. Es waren Deser-
teure, die sich von der Truppe entfernt hatten.

Am Sonntag, den 22. April, begann der Kampf um Aalen.
An den Tagen zuvor, ich wusste nicht, wie die Leute es er-
fuhren, flüchteten viele aus der Stadt und den umliegenden
Dörfern, um im nahen Wald Schutz zu suchen. Auch kamen
sie auf den Hof, um nach Unterschlupf zu fragen. Über 40
Personen drängten sich zusammengepfercht in den Ställen
und in der Scheuer.

Mit ängstlichen Blicken verfolgten wir die Flugzeuge, wie
sie im Tiefflug ihre Bombenlast niederprasseln ließen. Tod-
bringend breitete sich der Bombenvorhang über der Stadt
aus.

Ich dachte an die Menschen in den Häusern, die es nicht
rechtzeitig geschafft hatten, sich in Sicherheit zu bringen.
Und gleichzeitig hoffte ich auf das Ende der Nazi-Herrschaft,
den Zusammenbruch eines teuflischen Regimes und auf das
Ende des Krieges.

Die Befreiung

Trotz der überfüllten Räume war es im Haus verhältnismäßig ruhig. Die Leute hatten große Angst. Hie und da weinte ein Kind. Ich war die Einzige, die arbeitete. Am Küchenfenster sitzend stopfte ich Socken. Durch das Fenster sah ich in den trüben Tag hinaus, aus dessen dunklen Wolken dicke, dichte Schneeflocken fielen. Plötzlich, wie in einem Märchen, löste sich der Schneevorhang auf und meine Augen sahen klarer, aber ich traute ihnen nicht:

Unter dem Fenster tauchten Gestalten mit netzbespannten Helmen auf, einer nach dem anderen. Das Gewehr im Anschlag, vorsichtig die Lage sichernd, näherten sie sich dem Haus und ich erkannte, dass es amerikanische Soldaten waren.

Amerikanische Soldaten stürmen ein Haus

»Die Amerikaner kommen!« Mit diesem Ruf stürzte ich zur Eingangstür, um meine Retter zu empfangen. »Please do not shoot ... we are unarmed!«, rief ich ihnen entgegen. Sicher glaubten die Leute, ich hätte den Verstand verloren – es sah wirklich so aus, eine Deutsche begrüßt freudig ihre Besetzer! Sie konnten ja nicht wissen, dass ich Jüdin bin.

Meine Freude war riesengroß. Mein Leben war mir geschenkt worden – ich war frei.

Die amerikanischen Fallschirmspringer blieben bis zum nächsten Tag, suchten den ganzen Hof nach deutschen Soldaten ab, aber außer ein paar alten Männern und den vielen Frauen und Kindern fanden sie nichts. Ich fragte auf Englisch, ob ich meine Familie suchen dürfe. Doch sie rieten mir, noch vier Tage zu warten. Es wäre dann sicherer. Danach erhielt ich von der amerikanischen Militärregierung in Aalen einen Passierschein, mit dem ich sicher die Landstraße betreten konnte.

Heimkommen

Am 28. April 1945 bin ich frühmorgens um 6 Uhr in Hofherrnweiler losgegangen, um meine Familie zu suchen. Nach rastloser Wanderung, bis abends um 6 Uhr, konnte ich in Unterrot meine Tochter glücklich in die Arme schließen.

Nach all den schrecklichen Erlebnissen, der Angst und der Verzweiflung wusste ich, Deutschland werde ich verlassen. Auswandern nach Amerika. Mein Vorhaben erzählte ich dann meinem Mann, der mich mit großen Augen anschaute. Er wusste sofort, was das bedeutete. Er, als Arier, hätte keine Chance als Flüchtling zu gelten. Kein Flüchtlingsschiff hätte ihn nach Amerika mitgenommen. Außerdem sprach er nicht so gut Englisch und in seinem Beruf, als Bankfachmann, wäre auch in Amerika die Sprache ein wichtiges Kommunikationsmittel. Seitdem mein Mann von meiner geplanten Auswanderung wusste, hatten wir nur noch Konflikte, unsere Ehe schien am Ende zu sein.

Im April 1946 ließen wir uns dann scheiden. Mein sehnlichster Wunsch und der auch meiner Tochter Ilse war, hier alles zurückzulassen, ein Land mit so vielen schlechten Erinnerungen, die Eltern verschleppt und im KZ umgebracht, die Demütigungen, erlittenen Strapazen und nun auch noch als geschiedene Frau. Ich brauchte einen Neubeginn.

Im Dezember 1945 erließ dann Präsident Truman eine Exekutivverordnung, um die Flüchtlingssituation in Europa nach dem Zweiten Weltkrieg anzugehen. In dieser Verordnung wurde festgelegt, den Einwanderungsquoten der Opfer aus nationalsozialistischen Verfolgungen den Vorzug zu geben, die sich zum Zeitpunkt der Exekutivverordnung in US-Besatzungszonen befanden. Das war nun unsere Chance, Deutschland den Rücken zu kehren, um ein neues Leben zu beginnen.

Und so geschah es.

Durch die Hilfe meiner Freunde, vor allen Dingen, Herrn Dr. Max Horkheimer, begann das neue Leben in Amerika. Nach einem kurzen Aufenthalt in Pacific Palisades siedelten wir nach Denver / Colorado um. Dort arbeite ich jetzt als Buchhalterin bei der Firma Ray Lakewood Merrill, danach bei Hassco Ing. Auch meine Tochter Ilse hat eine Arbeit gefunden, tagsüber im Büro arbeiten und abends Sprachkurs in Englisch.

Sie hat mir auch heimlich etwas verraten, sie hätte sich in einen jungen Mann verliebt. Er heißt Maurice J. Spillane und sie würde ihn mir demnächst vorstellen.

Denver, Colorado, 10. November 1952

Seit drei Tagen sitze ich am Schreibtisch in Denver und beginne mein Gesuch an die Bundesregierung Deutschland in die Maschine zu tippen. Es waren nun fast acht Jahre vergangen – Jahre, in denen mein Leben nicht nur in jeder Hinsicht, sondern auch in allem Erlebten ein völlig anderes geworden ist. Tausenderlei neue Eindrücke, neue Erfahrungen, neues Lernen und nicht zuletzt pausenlose Arbeit haben meinen Geist beansprucht.

Heute nun schreibe ich die Aufzeichnungen, die ich aufgrund eines neuen deutschen Gesetzes für Wiedergutmachung zur Vorlage brauche. Ich werde alles aus dem reinen Gedächtnis niederschreiben.

Ich bin erstaunt, mit welcher Genauigkeit ich mich fast an jede Sekunde dieser grauenhaften Tage entsinne, wie haarscharf jede Einzelheit noch in meinem Gedächtnis eingemeißelt ist, als wäre es erst gestern geschehen. Nur jemand, der ebenfalls solches erlebte, kann ermessen, was diese Leidenszeit an Angst, Verzweiflung, Grauen und Entsetzen mit sich brachte – ganz abgesehen von den teilweisen ungeheuren großen, körperlichen Strapazen, die ich auf mich nehmen musste.

Nachwort

Aufgrund ihres Wiedergutmachungsgesuches erhielt Frau Bertha Amend im Mai 1953 einen vermutlich kleinen Betrag auf ihr amerikanisches Konto gutgeschrieben. Doch wie sie sagte, ging es ihr nicht um das Geld, sondern darum, seelische Wiedergutmachung zu erfahren. Und letzten Endes, dass irgendwann ihre Aufzeichnungen gefunden werden würden:

Als Zeugnis gegen das Vergessen.

ENDE

Nachtrag des Autors in persönlicher Sache

Es ist bestimmt kein Zufall gewesen, dass ich bei der Recherche auf Dr. Max Horkheimer traf.

Max Horkheimer emigrierte über Genf, hier hatte das Institut für Sozialforschung in Kooperation mit der Internationalen Arbeitsorganisation eine Zweigstelle eröffnet, dann 1934 weiter nach New York, wo er an der *Columbia University* mit Hilfe amerikanischer Kollegen das Institut für Sozialforschung weiterführen konnte. 1941 übersiedelte er an die Westküste nach *Pacific Palisades* (Los Angeles) und wurde direkter Nachbar von Thomas Mann. Sein Freund Theodor W. Adorno und engster Mitarbeiter folgte ihm später.

Dieser berühmte Soziologe Horkheimer taucht in der Dokumentation von Bertha Amend als hilfreicher Freund auf. Nun, was hat das mit mir, Günter Thumm, zu tun?

Es war 1952, in Tuttlingen, meiner Geburtsstadt, ich war gerade mal neun Jahre alt, als Tuttlingen, mein Großvater und meine Oma »kopfstanden«. Dr. Max Horkheimer und seine Frau Rose hatten sich zum Besuch angekündigt. Meine Tante Else hatte den Kontakt zu Dr. Max Horkheimer hergestellt und ihm berichtet, dass sein Kindermädchen von damals, »Rösle« wie er sie nannte, in Tuttlingen lebt. Meine Stiefurgroßmutter Rosine Wüstholz, geb. Klumpp, die zweite Frau meines Urgroßvaters Christian Ludwig Wüstholz, war als junge Frau, Kindermädchen und Hausgehilfin im Hause Horkheimer in Stuttgart. Der kleine Max hatte das Rösle ins Herz geschlossen, er liebte sie abgöttisch. Ihre freundliche, liebenswerte, mütterliche Art war Max Horkheimer ein Leben lang im Gedächtnis geblieben.

So stand er nun, nach all den Jahren, mit einem großen Blumenstrauß und einem gravierten Silbertablett als Erinnerung in der Wohnung von meiner Urgroßmutter in der Stuttgarter Straße. Was ist es? Fügung? – Einfluss einer höheren Macht, dass ich durch die, im Staatsarchiv Ludwigsburg, gefundene Akte von Bertha Amend an Max Horkheimer erinnert werde? Ihn, in Gedanken sehe, wie er Rösle umarmte, küsste und immer wiederholte: Mein liebes Rösle, mein liebes Rösle, mein liebes Rösle!

Ich stand staunend dabei, vernahm mitfühlend, wie ein für mich fremder Mann, unser Rösle liebkoste, ehrte und wertschätzte.

**Erinnerungsgeschenk an »Rösle« beim Besuch
von Dr. Max Horkheimer. Die Inschrift lautet:
Zum Andenken an den 15. August 1952 für Rösle
von Max und Maidon. Dr. Max Horkheimer nannte
seine Frau Rose mit dem Kosenamen »Maidon«.**

Dr. Max Horkheimer (links) mit Theodor W. Adorno

Endnoten:

1) **DP (Displaced Persons)** - Der Vormarsch der alliierten Truppen in der Endphase des Zweiten Weltkrieges brachte in Etappen Häftlingen aus Konzentrationslagern und ZwangsarbeiterInnen die Freiheit. Viele hatten ihre ehemalige Heimat verloren und waren zu sogenannten »Displaced Persons« geworden. Für sie schuf die alliierte Militärverwaltung Lager, in denen verfolgte Juden und Jüdinnen, versorgt werden konnten.

2) **Camp Belsen (Hohne)** - Auf dem Gelände des ehemaligen Konzentrationslagers Bergen-Belsen entstand das DP-Lager Belsen-Hohne, in dem zeitweise 27.000 DPs untergebracht waren und das bald – nach der Verlegung beziehungsweise Repatriierung anderer DP-Gruppen – mit bis zu 15.000 Bewohnern zum größten jüdischen DP-Lager in Westdeutschland wurde. *(Juliane Wetzel, Jüdische Displaced Persons - Holocaustüberlebende zwischen Flucht und Neubeginn, in: Deutschland Archiv, 6.9.2017, Link: www.bpb.de/255388)*

3) **Hebrew Immigration Aid Society (HIAS)** - Die HIAS ist eine jüdisch-amerikanische gemeinnützige Organisation, die Flüchtlingen humanitäre Hilfe und Hilfe leistet. Sie wurde ursprünglich 1881 gegründet, um jüdischen Flüchtlingen zu helfen. (Wikipedia)

4) **Truman Directive** - Am 22. Dezember 1945 erließ Präsident Truman eine Exekutivverordnung, um die Flüchtlingssituation in Europa nach dem Zweiten Weltkrieg anzugehen. In dieser Verordnung wurde festgelegt, dass die Einwanderungsquoten für 1946 Opfern der nationalsozialistischen Verfolgung den Vorzug geben, die sich zum Zeitpunkt der Exekutivverordnung in US-Besatzungszonen befanden. *(Wikipedia)*

5) **Luftangriffe auf Stuttgart 1944** - *https://www.stuttgarter-zeitung.de/inhalt.von-zeit-zu-zeit-luftangriffe-1944-die-schlimmste-nacht.5c424b8d-427a-44e8-b672-58572e5387d7.html*

6) **Unterrot bei Gaildorf** - *https://www.google.com/maps/place/Unterrot,+74405+Gail-dorf/@48.9903405,9.7655116,13.25z/data=!4m5!3m4!1s0x47985484a94c894b:0xa1ffd3f303b9820!8m2!3d48.977241!4d9.780467*

7) Tankholz -
https://www.spiegel.de/politik/oeffnen-sie-die-schnueffelklappe-a-7e3dd8ad-0002-0001-0000-000041810569

Treibstoffmangel brachte im Zweiten Weltkrieg und in den ersten Jahren danach Tausende deutscher Kraftfahrer dazu, ihre Kraftwagen auf Generatorgas-Betrieb umzurüsten.

Der Brennstoff (Tankholz) kokelte in riesigen Behältern, die seitlich oder im Kofferraum montiert waren. SPIEGEL-Mitarbeiter Dieter Korp beschreibt die Tücken einer Fahrt mit dem Holzgas-Auto.

8) Die Marine Marlin wurde 1946 von den United States Lines gechartert und für die Beförderung von 926 Passagieren der Touristenklasse ausgerüstet. Vom 7. bis 16. September 1946 unternahm sie ihre erste Reise von Bremen (Bremerhaven) nach New York City mit mehr als 500 jüdischen Einwanderern aus der deutschen Zone der Vereinigten Staaten. Am 17. Juli 1949 absolvierte sie ihre letzte Überfahrt von Bremen nach New York. *(Wikipedia)*

9) Ellis Island - Insel der Tränen
https://www.newyorkcity.de/ellis-island-in-new-york/

10) Dr. Max Horkheimer -
https://de.wikipedia.org/wiki/Max_Horkheimer

11) Hofherrnweiler bei Aalen
https://unterrombach.aalen.de/ortschaft-unterrombach-hofherrnweiler.273.htm

12) Pompelhof, landwirtschaftliches Anwesen bei Hofherrnweiler

Der Pompelhof liegt ca. 1 km westlich von Hofherrnweiler an der Schradenbergstraße

Weitere Bilddokumente:

M e i n e   F l u c h t .

Am 3. Februar 1945 wurde mir auf dem Bürgermeisteramt in Unterrot (b/Gaildorf)
wo ich mit meiner Familie wegen Ausbombung in Stuttgart lebte, der nachfolgende Befehl
des "Reichsführers der SS" von dem damaligen Bürgermeister von Unterrot, Herrn Herrmann, eröffnet. Er lautete:

Geheime Staatspolizei   Stuttgart, den 26.Jan. 1945
Staatspolizeileitstelle Stuttgart
Nr.IV 4 b - 307/45.

An den
       Herrn Landrat   Eilt sehr

       in Backnang

Betr. Geschlossener Arbeitseinsatz der
     jüdischen Teile aus Mischehen.
Verg. Ohne
Anlg. O.

Der RFSS hat befohlen, dass nunmehr auch die staatsangehörigen und
staatenlosen jüdischen Teile - auch Geltungsjuden - aus Mischehen zum geschlossenen
Arbeitseinsatz zu bringen sind.
Aus dem dortigen Bezirk kommen die am Schluss dieses Schreibens angegebenen
Juden bezw. Jüdinnen, sofern sie unter Anlegung eines strengen Masstabes arbeits-
fähig sind, ohne Rücksicht auf z.Zt. bestehender Arbeitsverhältnisse, in Betracht.
Diesen Juden bitte ich aufzugeben, sich für den geschlossenen Arbeitseinsatz
im Laufe des Montag, 12. Februar 1945 im Durchgangslager Bietigheim, Krs.Ludwigs-
burg, einzufinden.
Mitzunehmen sind:
     Marschverpflegung für 5 Tage,
     1 Koffer oder Rucksack mit folgenden Ausrüstungsgegenständen
     1 Paar Arbeitsschuhe, 2 Paar Strümpfe,
     2 Hemden, 2 Schlüpfer bezw. Unterhosen,
     1 Arbeitsanzug bezw. 1 Arbeitskleid,
     2 Wolldecken, 2 Garnituren Bettzeug (Bettbezüge mit Laken)
     1 Essnapf, 1 Trinkbecher, 1 Löffel.
Lebensmittelkarten- sowie polizeiliche Abmeldung hat auf 18.2.45 zu erfolgen.
Zurückbleibende Mischlinge - nicht Geltungsjuden - unter 16 Jahren sind
Verwandten oder anderen infolge Arbeitsunfähigkeit zurückbleibenden jüdischen
Ehepartnern in Pflege zu geben. Minderjährige Geltungsjuden haben sich mit den
jüdischen Angehörigen in Bietigheim einzufinden.
Die wegen Arbeitsunfähigkeit Zurückbleibenden bitte ich mir rechtzeitig mit-
zuteilen. Bei der Entscheidung, ob Arbeitsfähigkeit vorliegt, ist, wenn auch bei
Anlegung eines strengen Masstabes Zweifel bestehen, amtsärztliche Untersuchung
zu veranlassen.
Vermögensfragen werden nicht berührt, etwa erforderliche Bestimmungen haben
die Beteiligten selbst zu treffen.

                                Im Auftrag
                             (gez.) Herold
     A m e n d , Berta, S., verh. geb.23.3.96 in Karlsruhe, wohnhaft
in Unterrot, Krs. Backnang

Dem   Eilt sehr !
     Herrn Bürgermeister

          in Unterrot

Seite 1 der Dokumentation von Bertha Amend

54

deutschen Gesetzes für Wiedergutmachung gebrauche und deshalb aus dem reinen Gedächtnis niederschrieb, bin ich selbst erstaunt, mit welcher Genauigkeit ich mich fast noch an jede Sekunde dieser grauenhaften Tage entsinne, wie haarscharf jede Einzelheit noch in meinem Gedächtnis eingemeisselt ist, als wenn es gestern geschehen wäre, und nur derjenige, der ebensolches erlebte, wird ermessen können, was diese Leidenszeit an Angst, Verzweiflung, Grauen und Entsetzen - ganz abgesehen von den teilweise ungeheuer grossen körperlichen Strapazen - für mich barg.

Denver, Colorado (USA), 10. November 1952

Bertha Amend.

Seite 14 (letzte Seite) der Dokumentation von Bertha Amend

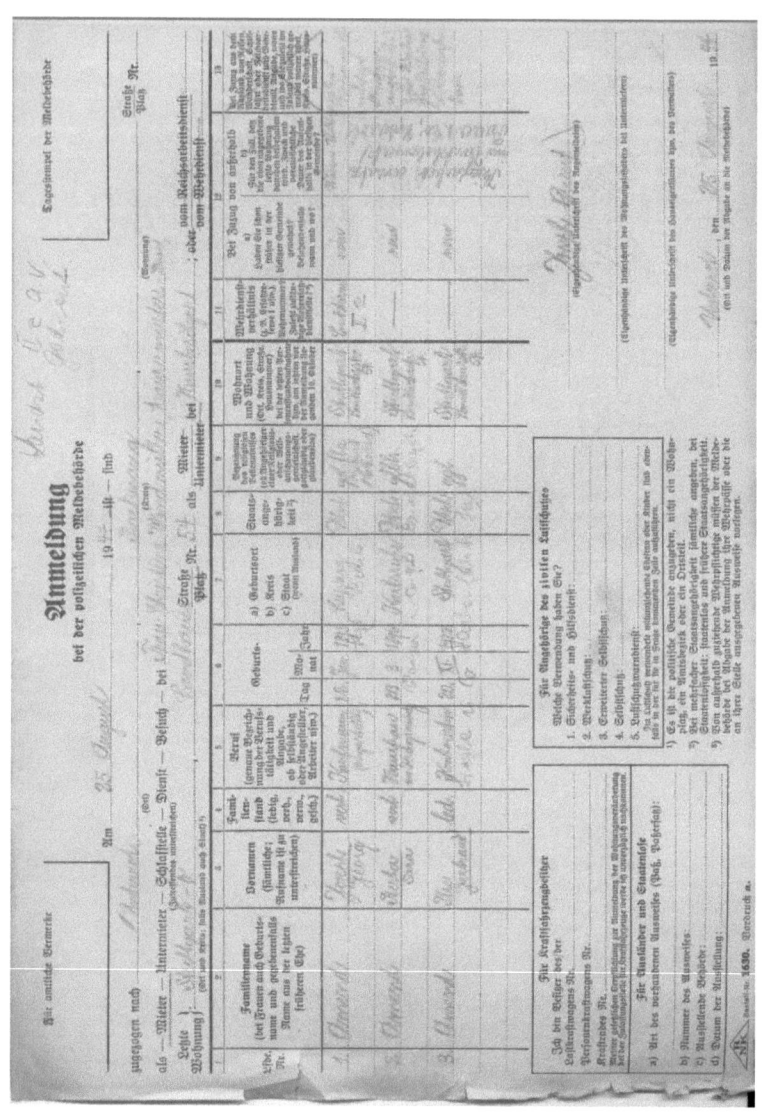

Anmeldung am 25. August 1944 der Familie Amend (Georg Joseph, Berta Sara, Gertraud Ilse) in Unterrot bei Gaildorf nach der Ausbombung in Stuttgart

Bürgermeisteramt
U n t e r r o t   Unterrot, den 2o.1.47

An das

Landratsamt

in B a c k n a n g

Betreff: An- und Abmeldungen in der Zeit von 14.1.-21.1.47.

Abmeldungen.

Zuname	Vorname	Geburtstag	verzogen am	wohin
Hesse	Karl-Jürgen	22.10.33	14.1.47	Erlangen
Windmüller	Helene	8.9.22	14.1.47	Stuttgart
Weber	Maria	7.1.28	14.1.47	Erbstetten
Amend	Berta	23.3.96	14.1.47	Stuttgart
Amend	Gertraud	20.11.2?	14.1.47	Stuttgart
Hirschle	Klara	8.8.28	15.1.47	Fronrot Nr.Hal
Arnold	Helmut	17.9.28	17.1.47	Karlruhe
Waschler	Konrad	19.2.32	18.1.47	Göppingen

Anmeldungen

Zuname	Vorname	Geburtstag	zugezogen am	woher
Werner	Erich	15.1o.o2	14.1.47	Hottenbuch/Schön
Werner	Paula	6.4.17	14.1.47	"
Werner	Dorothea	8.1.44	14.1.47	"
Reinzner	Rosina	11.11.81	14.1.47	Waildorf
Maier	Berta	25.12.27	14.1.47	Hagenbach
Richter	Jovita	19.3.71	15.1.47	Durchgangslager
Richter	Amalia 2-.5.69	26.5.69	15.1.47	Sulzbach/Murr
Fleischer	Angela	22.1.19	15.1.47	"
Fleischer	Harald	22.6.39	15.1.47	"
Hütter	Roswitha	6.2.49	15.1.47	"
Schlosser	Gertrud	28.4.24	15.1.47	"
Schlosser	Margarete	7.12.22	15.1.47	"
Schlosser	Amalie	5.11.75	15.1.47	"
Meixner	Irma	16.11.95	15.1.47	"
Meixner	Günther	16.5.36	15.1.47	"
Meixner	Karl	14.4.3o	15.1.47	"
Meixner	Franz	3.7.25	15.1.47	"

Gefertigt: Unterrot, den 21.1.47

Bürgermeisteramt:

Mühleisen

Abmeldung am 14.01.1947 von Unterrot nach Stuttgart, DPCamp, Obere Reinsburgstraße

57

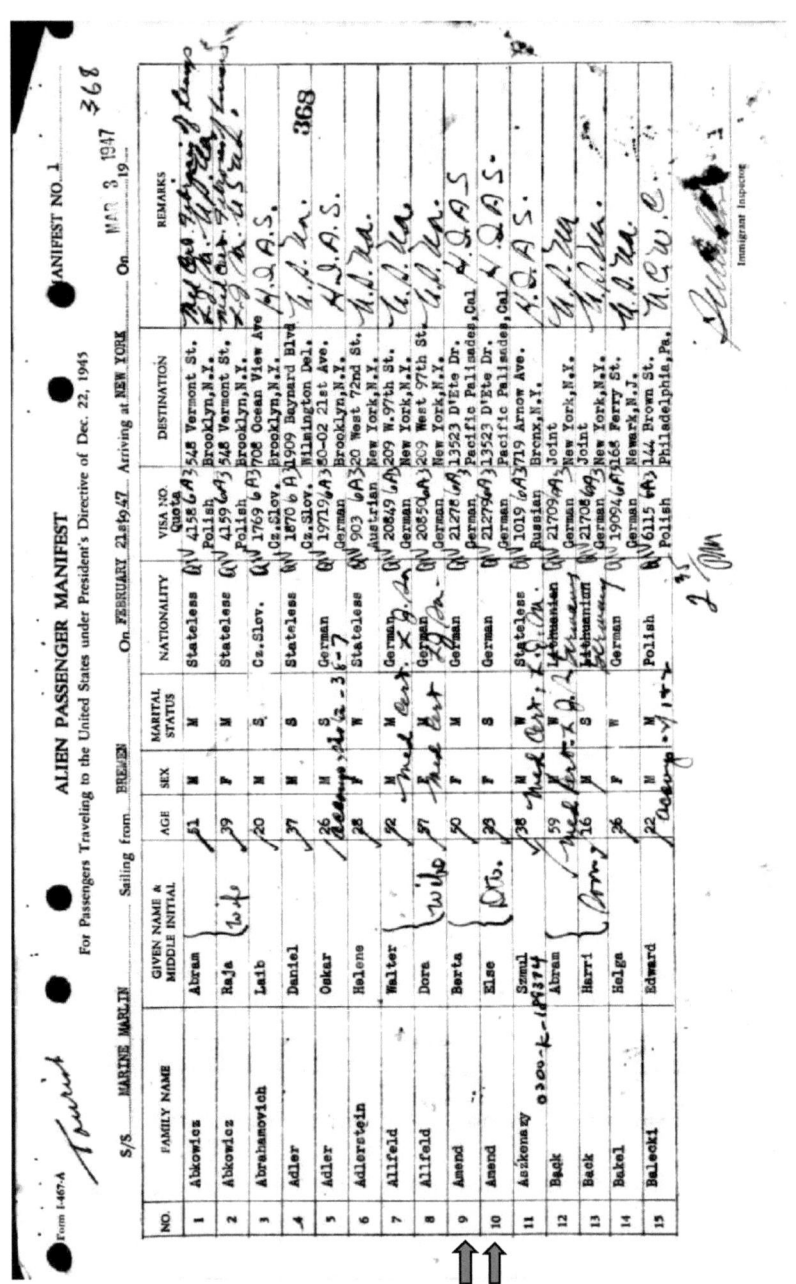

Passagierliste der Marine Marlin für die Überfahrt nach New York am 21.02.1947: (8) Bertha Amend, (9) Else (Ilse) Amend

A.E.F. D.P. REGISTRATION RECORD

STUTTGART, LANDHAUSSTR. 54

Original ☐ Duplicate ☐   TEAM NUMBER

(1) Registration No. 8452

(2) Family Name: AMEND   Other Given Names: BERTA   (5) Claimed Nationality: GERMAN – JEW.

(3) Sex M. ☐ F. ☑   (4) Marital Status: Single ☐ Married ☐ Widowed ☐ Divorced ☑

(6) Birthdate: KARLSRUHE   Birthplace   BADEN Province   GERMANY Country

(7) Religion (Optional): HEBREW

(8) Number of Accompanying Family Members:

(9) Number of Dependents: 1   (10) Full Name of Father: FISCHER

(11) Full Maiden Name of Mother: NEO MINA

(12) Desired Destination: DR. MAX HORKHEIMER - 1344 PESTE DRIVE PACIFIC PALISADES CAL. U.S.A.
City or Village   Province   Country

(13) Last Permanent Residence or Residence January 1, 1938: STUTGART VUET GERMANY
City or Village   Province   Country

(14) Usual Trade, Occupation or Profession: HOUSEWIFE

(15) Performed in What Kind of Establishment

(16) Other Trades or Occupations

a. GERMAN   b. ENGLISH   c. FRENCH
(17) Languages Spoken in Order of Fluency

(18) Do You Claim to be a Prisoner of War   Yes ☐ No ☐   1

(19) Amount and Kind of Currency In your Possession   Date: JAN.16,1947   Assembly Center No.

(20) Signature of Registrant:

(21) Signature of Registrant:

(22) Destination or Reception Center: Emig to USA

(23) Code for Issue: 1 2 3 4 5 6 7 8 9 10 11 12 13 14 15 16 17 18 19 20 21 22 23 24 25 26 27 28
City or Village   Province   Country

(24) REMARKS

LIVES AT

DATE ARRIVED

ITEMS ISSUED

DP-2
16-40781-1

Registrierung bei der Einreise von Bertha Amend in die USA, Reise-Ziel: Dr. Max Horkheimer, Pacific Palisades / Los Angeles

Bertha Amend
In USA, Sterbeindex der Sozialversicherung, 1935-2014

Name:	Bertha Amend
Sozialversicherungsnummer:	090-24-9880
Geburtsdatum:	23. Mar 1896 (23. Mrz 1896)
Jahr der Ausgabe:	Before 1951
Ausstellender Staat:	New York
Letzter Wohnort:	81001, Pueblo, Pueblo, Colorado, USA
Sterbedatum:	15. Jul 1993

Quellenangabe
Social Security Administration; Washington D.C., USA; *Social Security Death Index, Master File*

Quelleninformationen
Ancestry.com. *USA, Sterbeindex der Sozialversicherung, 1935-2014* [database on-line]. Provo, UT, USA: Ancestry.com Operations Inc, 2014.

Ursprüngliche Daten: Social Security Administration. *Social Security Death Index, Master File.* Social Security Administration.

Beschreibung
Die Social Security Administration Death Master File enthält Informationen zu Millionen von Verstorbenen, die über US-amerikanische Sozialversicherungsnummern verfügten und deren Tod der Social Security Administration gemeldet wurde. Die Geburtsjahre der hier aufgeführten Personen reichen von 1875 bis zum vergangenen Jahr. Zu den in diesen Aufzeichnungen enthaltenen Informationen zählen Name, Geburtsdatum, Sterbedatum und letzter bekannter Wohnort der Personen. Erfahren Sie mehr...

Sterbeindex der amerikanischen Sozialversicherung, Bertha Amend wurde 97 Jahre alt

Bild-Nachweise:

Seite 3: Fotomontage, Schattenbild und Ruinenhintergrund aus dem Internet*

Seite 7: Camp Hohne (Internet)*

Seite 9: Zerstörtes Stuttgart (Internet)*

Seite 12: SS Marine Marlin (Internet)*

Seite 13: Freiheitsstatue (Internet)*

Seite 14: Ellis Island (Internet)*

Seite 15: Wartehalle Ellis Island (Internet)*

Seite 25: Ruinen von Heilbronn (Internet)*

Seite 26: Deportation ins Vernichtungslager (Internet)*

Seite 30: Bomben über Deutschland

Seite 35: Hofherrnweiler (Internet)*

Seite 37: Fallschirmspringer
(Internet: *US_82nd_Airborne_Division_paratroopers_jump*)

Seite 38: Apfelblüte (© privat)

Seite 40: Angriff auf ein Haus (Internet)*

Seite 46/1: Silberschale von Dr. Horkheimer (© privat)

Seite 46/2: Dr. Max Horkheimer mit Theodor W. Adorno
(Internet: AdornoHorkheimerHabermasbyJeremyJShapiro2)

* Im Sinne des Urheberrechts konnten nicht alle Urheber der Fotos ermittelt werden. Bei eventuellen Ansprüchen des Urhebers, wenden Sie sich an den Autor.

(g.thumm@t-online.de)

Hilfreiche Adressen und Hinweise:

- Landesarchiv Baden-Württemberg
Abteilung Staatsarchiv Ludwigsburg
Arsenalplatz 3
71638 Ludwigsburg
Tel. 07141/ 64854-6310

- Stadtarchiv Stuttgart siehe Landesarchiv Baden-Württemberg

- Stadtverwaltung Gaildorf
-Stadtarchiv-
Schlossstr. 20
74405 Gaildorf
Tel. 07971/253-0

- »Werkstatt des kreativen Schreibens«
aus dem Programm der Katholischen
Erwachsenenbildung (keb)
Parkstr. 34
71642 Ludwigsburg
Tel.: 07141/2 52 07 20 oder über

- Ursula Jetter (Schriftstellerin (P.E.N.) und
Herausgeberin)
Teckstr. 56
71696 Möglingen
Tel.: 07141/24 19 46

- AGA Stuttgart Aktiv gegen Antisemitismus
https://www.stuttgart-aga.de

Danke ...

- dem Staatsarchiv Ludwigsburg, seinen Mitarbeitern und Mitarbeiterinnen, für die Möglichkeit dort Akten einsehen zu können.

- Für die Recherche im Stadtarchiv Stuttgart,

- für die Recherche im Archiv der Stadt Gaildorf,

- für die Recherche im Archiv der Stadt Aalen.

- Meinem Cousin Wolfgang Albertini, aus London, für seine relevanten Recherchen in den deutschen und amerikanischen Archiven, für seine hilfreichen Anregungen, für die notwendigen Korrekturen und für seine konstruktive Kritik.

- Der höheren Macht. Vielleicht gibt es sie, die alles lenkt und uns leitet. Für die vielen Gedanken, Worte, und es als Geschenk anzusehen, diese Geschichte schreiben zu dürfen.

Autoren-Vita:

Günter Thumm, Jahrgang 1942, in Tuttlingen an der Donau geboren, Betriebswirt, früher selbstständiger Vertriebsbeauftragter zweier Münchner Firmen in der Elektronikbranche. Er hat eine Tochter, einen Enkelsohn (18 Jahre) und lebt in einer kleinen Gemeinde nördlich von Stuttgart.

Als Quereinsteiger entdeckt er im Ruhestand das literarische Schreiben. Den Feinschliff bekommt er seit Jahren in der „Werkstatt des kreativen Schreibens", einem Seminar unter Leitung der Schriftstellerin und Herausgeberin Ursula Jetter (Internat. PEN). Und so entstehen Romane, Kurzgeschichten und vor Kurzem eine Autobiografie.

Bisher veröffentlicht:

- "Eriks Begegnungen" (eine Roman-Trilogie) ISBN: 978-3-7347-6824-8, u.a.

- Kurzgeschichte „Nicht erwünscht" aus dem Buch des Schreibwettbewerbs „Gelebtes Schreiben − schreibendes Leben" ISBN: 978-3-9814278-7-5

- Diverse Kurzgeschichten sind über „exempla" erschienen, die älteste Literaturzeitschrift von Baden-Württemberg (wikipedia.org/wiki/Exempla)

● Die zuvor beschriebene Dokumentation „Die Flucht der Jüdin Bertha Amend" ist unter der ISBN 9-783756-229604 erscheinen.

Rezensionen zu dem Buch:

„Es ist ein wichtiges Zeitdokument über Ereignisse, die die Menschheit nicht vergessen darf."

(Stadtarchiv Gaildorf, 74405 Gaildorf)

***

"Vielen Dank für das Buch, das unsere Bibliothek auf jeden Fall bereichern wird."
(Zentralarchiv zur Erforschung der Geschichte der Juden in Deutschland, 69115 Heidelberg)

***

"... Umso wichtiger sind Werke, die das Schicksal der Opfer dieser Zeit in Erinnerung rufen ..."
(Israelitische Religionsgemeinschaft Württemberg (IRGW), 70174 Stuttgart)

***

„Ein lesenswertes Buch, das die Schrecken des sogenannten Dritten Reiches verdeutlicht, verfasst aus dem im Staatsarchiv vorgefundenen Akten."

DIE KÜNSTER**GILDE**, 73728 Esslingen, Heft 2022-II